Veränderungen? - Nein danke!

Über störrische Mitarbeiter und
verzweifelte Führungskräfte

von

Anke Schürmann-Rupp

Tectum Verlag
Marburg 2005

Umschlagfoto © PhotoCase

Schürmann-Rupp, Anke:
Veränderungen? - Nein danke!.
Über störrische Mitarbeiter und verzweifelte Führungskräfte.
/ von Anke Schürmann-Rupp
- Marburg : Tectum Verlag, 2005
ISBN 978-3-8288-8827-2

© Tectum Verlag

Tectum Verlag
Marburg 2005

Für meinen Mann

Inhaltsverzeichnis

Inhaltsverzeichnis

1. Einleitung 9
    1.1 Stand der Forschung 9
    1.2 Ziele des Buches 9
    1.3 Vorgehensweise 9
2. Veränderungen in Organisationen 11
    2.1 Einfluss des gesellschaftlichen Wandels auf Organisationen 11
    2.2 Arten von Veränderungen 13
    2.3 Notwendigkeit von Veränderungen 15
    2.4 Konsequenzen von Veränderungen 17
    2.5 Der emotionale Verlauf eines Veränderungsprozesses 19
3. Veränderungswiderstand 23
    3.1 Definition von Veränderungswiderstand 23
    3.2 Ursachen von Widerstand 26
    3.3 Die Rolle des „Bewahrenden" 29
    3.4 Erscheinungsformen von Widerstand 31
4. Konzepte zur Minimierung von Veränderungswiderstand 35
    4.1 Den organisatorischen Wandel gestalten 35
        4.1.1 Allgemeine Vorgehensweise der Organisationsgestaltung 35
            4.1.1.1 Der Veränderungsprozess nach Osterhold 35
            4.1.1.2 Das Modell nach Vahs 38

4.1.1.3 Den Wandel gestalten nach den Überlegungen von
   Doppler und Lauterburg ... 41

4.1.1.4 Bewertung der einzelnen Modelle ... 43

4.1.1.5 Anwendungsversuche der Modelle auf den konkreten
   Fall der Restrukturierung ... 44

4.1.2 Prinzipien zur Realisierung ... 45

4.1.3 Gestalterische Aspekte zur Reduzierung von
   Veränderungswiderstand ... 49

4.1.3.1 Projektmanagement ... 49

4.1.3.2 Führung ... 51

4.1.3.3 Konfliktmanagement ... 53

4.1.3.4 Moderation ... 55

4.1.3.5 Feedback ... 58

4.2 Der Umgang mit Widerständen ... 59

4.2.1 Allgemeine Aspekte zum Umgang mit Widerständen ... 60

4.2.2 Informationen ... 61

4.2.3 Partizipation ... 62

4.2.4 Kommunikation ... 65

4.2.5 Bedingungen für eine Änderungsbereitschaft ... 67

4.3 Begleitende Beratung in Veränderungsprozessen ... 68

4.3.1 Coaching ... 68

4.3.1.1 Definition des Begriffs ... 68

4.3.1.2 Ergebnis und Effekt von Coaching in
   Veränderungsprozessen ... 69

4.3.2 Supervision ... 70

4.3.2.1 Definition ... 70

4.3.2.2 Ziele von Supervision ... 71

4.3.2.3 Supervision in Veränderungsprozessen 72
4.3.3   Zusammenfassung und Diskussion der Instrumente 72
5. Fazit und Schlussbemerkung 75
6. Literaturverzeichnis 79

Abbildungsverzeichnis

Abbildung 1: Gründe für Veränderungsmaßnahmen 16
Abbildung 2: The „Organizational Iceberg" 18
Abbildung 3: Landkarte: Die sieben Phasen der Veränderungskurve 20
Abbildung 4: Spannung zwischen Widerstandskräfte und Veränderungskräfte 23
Abbildung 5: Typische Einstellungen gegenüber dem organisatorischen Wandel 31
Abbildung 6: Allgemeine Symptome für Widerstand 34
Abbildung 7: Der Veränderungsprozess nach Osterhold 36
Abbildung 8: Vorgehensweise der Organisationsgestaltung 38
Abbildung 9: Kennzeichnung der Phasen des Organisationszyklusses 40
Abbildung 10: Charta des Managements von Veränderungen 46
Abbildung 11: Voraussetzung für ein erfolgreiches Projektmanagement 50
Abbildung 12: Die Aufgaben des Moderators im Überblick 56
Abbildung 13: Wie Mitarbeiter in den Veränderungsprozess einbezogen werden 63

1. Einleitung

1.1 Stand der Forschung

Veränderungen sind immer problematisch in Organisationen. Da gibt es die Führungskräfte, die den Wandel gestalten und diesen umsetzen möchten. Und es gibt Mitarbeiter, die das Gewohnte bewahren möchten. In diesem Buch geht es um die vermeintlichen Konflikte zwischen den verzweifelten Führungskräften und den störrischen Mitarbeitern und es geht um folgende Fragen: Was verändert sich, was sind Konsequenzen von Veränderungen? Wie können diese Konsequenzen beseitigt werden? Welchen Einfluss können Mitarbeiter auf die Entscheidungen der Führungskräfte haben? Wie können Konflikte zwischen verzweifelten Führungskräfte und den störrischen Mitarbeitern minimiert werden?

Bei meinen Literaturrecherchen bin ich auf eine große Anzahl von Literatur gestoßen, die sich mit Veränderungen in Organisationen beschäftigt. Dabei ging es hauptsächlich um die Definition von Organisation und um verschiedene Organisationsstrukturen. In vielen Werken ist der Umgang mit Veränderungswiderstand vernachlässigt worden. Konkrete Konzepte zur Minimierung von Veränderungswiderstand wurden in einigen Büchern nur am Rande erwähnt oder wurden außer Acht gelassen. Daher blieben für mich viele Fragen offen, insbesondere die Frage, welche konkreten Erscheinungsformen und Ursachen es von Veränderungswiderstand gibt und wie Widerstand minimiert werden kann.

1.2 Ziele des Buches

In meinem Buch möchte ich aufzeigen, welche Bedeutung Veränderungswiderstand für die betroffenen Mitarbeiter, aber auch für die Führungskräfte, die Wandel herbeiführen, hat.

Insbesondere geht es in meiner Arbeit um Konzepte, die dazu beitragen können, Veränderungswiderstand zu minimieren.

Ziel ist, konkrete Methoden bzw. Konzepte zu finden, die Widerstand in Organisationen minimieren können.

1.3 Vorgehensweise

Zunächst ist es mir wichtig, kurz auf Veränderungsprozesse in Organisationen einzugehen. Dabei geht es um Einflüsse gesellschaftlichen Wandels auf die Organisationen, um die verschiedenen

Arten von Veränderungen und um die Frage, ob und wann Veränderungen notwendig sind.

Danach erläutere ich, welche Konsequenzen sich für die Mitarbeiter und für die Organisation ergeben können.

Um diesen Punkt im Wesentlichen abzuschließen, gehe ich auf den emotionalen Verlauf eines Veränderungsprozesses ein.

Im nächsten Punkt geht es um den Veränderungswiderstand. Ich zeige verschiedene Definitionen und Ursachen auf und erläutere den Sinn des Widerstandes für die Organisation und für die Mitarbeiter. Anschließend zeige ich Erscheinungsformen von Veränderungswiderstand auf.

Im nächsten Kapitel beschreibe ich Konzepte zur Minimierung von Veränderungswiderstand. Diese bilden den Hauptteil meiner Arbeit.

Hauptbestandteil ist einerseits die Frage, wie der Wandel gestaltet werden kann ohne dass der Veränderungswiderstand so groß wird, dass er die Veränderungsabsichten blockiert und zum anderen, wie Blockaden bzw. Widerstände, die sich zwangsläufig aus Veränderungen ergeben oder bereits vorhanden sind, minimiert werden können.

In diesem Zusammenhang gehe ich auch auf die Frage ein, welche Rolle Coaching und Supervision in diesem Prozess spielen bzw. ob sie Veränderungswiderstand minimieren können.

Noch einige Anmerkungen zum Sprachgebrauch: In meiner Arbeit unterscheide ich zwischen Führungskräfte und Mitarbeiter. Unter Führungskräfte verstehe ich Mitarbeiter, die im Management bzw. in der Geschäftsleitung tätig sind und gleichzeitig Initiatoren von Wandel sind. Unter Mitarbeiter verstehe ich die Angestellten, die nicht zur Geschäftsleitung gehören. Darunter fallen aber auch die Mitarbeiter, die kleinere Führungsaufgaben in den einzelnen Abteilungen haben. In meiner Arbeit schreibe ich der Einfachheit halber in der männlichen Schreibweise.

2. Veränderungen in Organisationen

2.1 Einfluss des gesellschaftlichen Wandels auf Organisationen

Bevor der Einfluss des gesellschaftlichen Wandels erläutert wird, stellt sich die Frage, was eine Organisation ist und worin sie sich von einem Unternehmen unterscheidet. Dabei beziehe ich mich auf Vahs (2001). Organisationen sind zielgerichtet. „Ziele sind Aussagen über angestrebte Zustände (Soll-Zustände), die durch die Auswahl und die Umsetzung geeigneter Handlungsalternativen erreicht werden sollen" (Vahs 2001, S. 9). Ein weiteres Merkmal einer Organisation ist, dass sie ein soziales System ist. „Unter einem System ist grundsätzlich eine gegenüber der Umwelt abgegrenzte Gesamtheit von Subsystemen und Elementen zu verstehen, die miteinander in Beziehung stehen...und sich gegenseitig beeinflussen" Vahs 2001, S. 10). Organisationen weisen eine formale Struktur auf. „Unter Organisationen ist sowohl das zielorientierte ganzheitliche Gestalten von Beziehungen in sozialen Systemen als auch das Ergebnis dieser Tätigkeit zu verstehen" (Vahs 2001, S. 11).

Wo liegt aber der Unterschied zwischen Organisation und Unternehmen?

„Unter einem ‚Unternehmen' wird in der Betriebswirtschaftslehre eine wirtschaftliche, technische, soziale und rechtliche Einheit verstanden, deren Aufgabe die Erstellung und der Absatz von marktfähigen Gütern und/oder Dienstleistungen ist (...)" (vgl. Vahs, D./ Schäfer-Kunz, J. 2000 S. 6 f., entnommen aus: Vahs 2001, S. 13). Nach Vahs gibt es zwei Sichtweisen, die einen Zusammenhang zwischen Organisation und Unternehmen deutlich machen (vgl. Vahs 2001, S. 13 ff.).

Die erste Sichtweise besagt, dass das Unternehmen eine Organisation hat. Organisation ist nach der instrumentalen Betrachtung demnach ein Mittel zur effizienten Führung von Unternehmen (vgl. Vahs 2001, S. 13). Organisation kommt aus dem Griechischen und ist mit „Werkzeug" zu übersetzen. So kommt diese Sichtweise der ursprünglichen Bedeutung sehr nahe.

Die zweite Sichtweise besagt, dass das Unternehmen eine Organisation ist. Nach dieser institutionalen Sichtweise ist Organisation ein „(...) zielgerichtetes soziales System, in dem Menschen mit eigenen Wertvorstellungen und Zielen tätig sind"(vgl. Vahs 2001, S. 15).

In meiner Arbeit beziehe ich mich auf die Organisation und somit auf die zweite Sichtweise nach Vahs, da es um die Mitarbeiter geht, die mit Veränderungen umgehen müssen. Dabei geht es um Menschen mit eigenen Wertvorstellungen und Zielen (vgl. Vahs 2001, S. 15).

Nachdem ich geklärt habe, was unter einer Organisation zu verstehen ist, stellt sich die Frage, was Veränderungen sind. Leider habe ich bei meiner Literaturrecherche keine Definition von Veränderung gefunden. Scheint dieser Begriff allgemein klar verständlich zu sein? Eines ist klar: Veränderung ist ein Prozess. Veränderung tritt nicht sofort auf, sondern es geschieht eher langsam.

Veränderungen sind nicht neu. Sie finden überall statt. Veränderungen finden immer statt, es stellt sich lediglich die Frage, wie Veränderungen ablaufen und ob sie notwendig sind. Neu dagegen ist die Komplexität des Wandels und die Beschleunigung des Veränderungstempos.

Oft wird der Veränderung Stabilität gegenübergestellt. Heißt es, dass durch Veränderungen Stabilität nicht mehr gewährleistet ist? Menschen reagieren auf Veränderungen unterschiedlich. „Gerade Krisenzeiten, die eine Veränderung dringend notwendig machen, zeichnen sich eher dadurch aus, dass wir auf Altem beharren, statt Neues zu wagen" (Osterhold 2000, S. 11). Aber gerade Krisenzeiten haben zur Folge, dass Organisationen das Bewährte hinterfragen und überdenken. Veränderungen sind in solchen Situationen oft notwendig (vgl. Osterhold 2000, S. 17). Wie Menschen auf Veränderungen in Organisationen reagieren, erläutere ich in den folgenden Kapiteln (vgl. Kapitel 3.4).

„Die Umwelt, in die eine Organisation eingebettet ist und mit der sie in vielfältigen Beziehungen steht, stellt nur in ganz wenigen Fällen etwas Statisches dar" (Schanz 1982, S. 325). Der gesellschaftliche Wandel, der eher naturwüchsig ist und der auch deshalb nicht aufzuhalten ist, hat immer Einfluss auf die Organisationen, die Bestandteil der Gesellschaft sind. Die gesellschaftliche Entwicklung übt einen gewissen Druck auf die Organisationen aus. Die Organisation muss sich selbst verändern und sich dem externen Druck anpassen können (vgl. Schanz 1982, S. 325). Daher kann eine Organisation durch Veränderungen für kurze Zeit, aber auch längerfristig, instabil werden. Durch eine entsprechende Gestaltung des Prozesses kann die Stabilität wieder hergestellt werden (vgl. Kapitel 4.1)

Wichtigste Entwicklungstendenzen in der Gesellschaft sind Individualisierung, die mehr Selbstbestimmung der Menschen zur Folge hat, Differenzierung, durch die die Menschen mehr Lebenslagenvielfalt für sich in Anspruch nehmen, Rechtsentwicklung, durch die höhere Dienstleistungen gefordert wird und ein Fortschritt in der

Berufsentwicklung, die eine Spezialisierung zur Folge hat (vgl. Engelhardt 1999, S. 45). Organisationen müssen in der Lage sein, auf die beschriebenen Entwicklungen und deren Konsequenzen, die einen hohen Druck auf die Organisationen ausüben, entsprechend zu reagieren. Selbstbestimmung, Komplexität, Spezialisierung und Konkurrenz sind nach Engelhardt treibende Kräfte für Organisationsveränderungen in der Wirtschaft (vgl. Engelhardt 1999, S. 46ff.). Sie erzeugen einen hohen Druck auf die Organisationen.[1]

Weitere Entwicklungstendenzen in der Gesellschaft, die Einfluss auf Organisationen nehmen können, können u.a. Globalisierung, Wertewandel in Richtung Individualisierung, ein schneller Fortschritt in der Informations- und Kommunikationstechnologie und eine Streichung von öffentlichen Finanzmitteln sein (vgl. Klages, Schmidt 1978, S. 18f., Heeg/ Dohm 1994, S. 15ff.).

Da Organisationen Teil der Gesellschaft sind, haben gesellschaftliche Veränderungen immer auch Veränderungen in den einzelnen Organisationen zur Folge. Das folgende Zitat von Rosenstiel (1995) kann diese Aussage verdeutlichen: „Veränderungen in der relevanten Umwelt verändern zum einen unmittelbar die Organisationen und erfordern zum anderen aktive Anpassungsleistungen, um erfolgreich weiterbestehen zu können" (Rosenstiel [u.a.] 1995, S. 313).

2.2 Arten von Veränderungen

Es gibt verschiedene Arten von Veränderungen. Dazu gehört der ungeplante Wandel und der geplante Wandel. Ich möchte zunächst beide Arten erläutern.

Organisationen sind, wie bereits erläutert, ständig Veränderungsprozessen unterworfen. Der ungeplante Wandel ist nicht beabsichtigt, er ist zufällig. Er bleibt oft lange Zeit von Mitarbeitern einer Organisation unbemerkt (vgl. Vahs 2001, S. 228). Der ungeplante Wandel kann die Folge von bestimmten gesellschaftlichen Veränderungen sein, wie beispielsweise der Wissenszuwachs[2] (vgl. Comelli 1985, S. 29 zit. n. Morin 1974, S. 15-19). Er zwingt Organisa-

---

[1] Weiterführende Literatur hinsichtlich der Anlässe für Veränderungen und Anforderungen an Organisationen: Heeg/ Dohm 1994, S. 15ff., Klages/ Schmidt 1978, S. 13ff. und Schanz 1982, S. 324ff., Sandler/ Karabasz/ von Berg 1995, S. 73ff.

[2] Hier wird die Selbstverständlichkeit des Wandels deutlich gemacht. Morin wurde von Comelli in einem anderen Zusammenhang zitiert. Es ging dabei um Veränderungen, die für die Organisationsentwicklung relevant sind. Hier geht es um gesellschaftliche Veränderungen, die einen ungeplanten Wandel zur Folge haben.

tionen zu einer immer schnelleren Anpassung und kann Mitarbeiter damit überfordern. Auch der Bildungsanstieg hat zur Folge, dass eine Veränderung nicht bewusst und von der Organisation geplant stattfindet. Er wirkt sich auf die hierarchischen Unterschiede aus und übt Erwartungen aus, der Qualifikation angemessene Tätigkeit auszuüben (vgl. Comelli 1985, S. 29). Weitere gesellschaftliche Veränderungen, durch die ein ungeplanter Wandel in Organisationen stattfinden kann, sind beispielsweise u.a. die Explosion der Kommunikation, die schneller und weltumspannender wird, die Technologie-Explosion, aber auch der Wandel von Werten von Mitarbeiter. Autonomie, Unabhängigkeit, eine klare Unterscheidung zwischen Arbeit und Freizeit und weniger Identifikationen mit der Arbeitsstätte gehören zu den neuen Werten (vgl. Comelli 1985, S.30f).

Gegenüber dem ungeplanten Wandel wird der geplante Wandel von der jeweiligen Organisation bewusst durchgeführt. Veränderungen können von den Führungskräften absichtlich herbeigeführt werden. Darunter wird der geplante, organisierte Wandel verstanden.

„ ...umfasst der **geplante**[3] organisatorische Wandel alle absichtlichen, gesteuerten, organisierten und kontrollierten Anstrengungen zur ... zielgerichteten Organisationsgestaltung" (Vahs 2001, S.228). Nach Vahs ist das Ziel eines geplanten Wandels eine „Effektivitäts- und Effizienzsteigerung" (Vahs 2001, S. 228).

Der Vorteil einer geplanten bzw. einer zielgerichteten Veränderung ist die Möglichkeit, frühzeitig entsprechende Veränderungsmaßnahmen einzuleiten (vgl. Vahs 2001, S. 229f).

Unabhängig, ob der Wandel nun geplant oder ungeplant ist, kann er unterschiedliche Ausmaße haben.

Vahs unterscheidet in diesem Zusammenhang zwei unterschiedliche Ordnungen, den Wandel 1. Ordnung und den Wandel 2. Ordnung (vgl. Vahs 2002, S. 228f). Beim Wandel 1. Ordnung findet keine grundlegende Umgestaltung der Unternehmenswerte statt. Die Angst der Betroffenen vor den möglichen Konsequenzen ist nicht so groß.

Der Wandel 2. Ordnung ist dagegen grundlegender. Er ist komplexer, von qualitativer Natur und umfasst die gesamte Organisation.

Die Angst der Betroffenen ist deshalb sehr groß (vgl. Vahs 2001, S. 228).

In meiner Arbeit konzentriere ich mich auf den geplanten, organisatorischen Wandel bzw. auf den Wandel 2. Ordnung.

---

[3] Hervorhebungen im Original

Dabei beziehe ich mich insbesondere auf die Restrukturierung einer Organisation als geplante Veränderung.

Unter Restrukturierung verstehe ich bewusst geplante Veränderungsabsichten, um eine Organisation nach einer Krise wieder wettbewerbsfähig und lebensfähig zu machen. Darunter fallen beispielsweise Personalabbau oder die Einführung von Teilzeitarbeit, Einbußen in den Gehältern – z.B. Verzicht auf Urlaubs- und/ oder Weihnachtgeld - , Verzicht auf zusätzliche freiwillige soziale Leistungen, Mehrarbeit der Mitarbeiter.

Ich gehe in diesem Buch davon aus, dass die Auslöser der Programme unfreiwillig sind. Außerdem gehen die Veränderungen von der Geschäftsleitung aus, da sich Restrukturierungsprogramme im Regelfall auf die gesamte Organisation beziehen und einen erheblichen Einfluss auf das Fortbestehen der Organisation ausüben. Deshalb kann die Restrukturierung dem Wandel 2. Ordnung, der komplexer als der Wandel 1. Ordnung ist, zugeordnet werden. Ich verstehe in meiner Arbeit unter Veränderungsprozesse Restrukturierungsmaßnahmen, die ich deshalb nicht immer zusätzlich erwähne.

2.3 Notwendigkeit von Veränderungen

Es stellt sich die Frage, wann in Organisationen Veränderungen notwendig sind bzw. warum etwas verändert werden muss.

Wie bereits ausführlich erläutert, kann der gesellschaftliche Wandel Einfluss auf die Organisationen, die Teil der Gesellschaft sind, nehmen. So können gesellschaftliche Veränderungen einen organisatorischen Wandel zur Folge haben. Wenn beispielsweise die Wirtschaft in einer Krise steckt, so kann das Auswirkungen auf einzelne Organisationen haben. Restrukturierung ist in diesem Fall die Lösung, damit die Organisation wieder marktfähig und wettbewerbsfähig sein kann. Restrukturierung zieht allerdings Veränderungen in der Organisation mit sich.

Über Veränderungen wird in Organisationen meist erst in Krisenzeiten nachgedacht. Außenstehende dagegen erkennen die Notwendigkeit für Veränderungen deutlich früher (vgl. Osterhold 2000, S. 17).

Gründe für ein Ungleichgewicht in einer Organisation und damit für eine notwendige Veränderung können nach Osterhold eine Zunahme an Fehlzeiten von Seiten der Mitarbeiter sein, mangelnde Qualität, Beschwerden der Kunden, allgemeiner Leistungsabfall, große Fluktuation, fehlende Innovation – oft aufgrund von fehlenden finanziellen Mitteln – und Auseinandersetzungen unter den Mitarbeitern (Osterhold 2000, S. 17). Osterhold nennt weitere wichtige Gründe, die ein Ungleichgewicht in Organisationen zur Folge haben können: zum einen nennt sie Managementprogramme, die immer aktuell sein wollen, aber noch nicht genügend erprobt wurden und somit fehlerhaft durchgeführt werden. Mitarbeiter müssen sich immer wieder den neuen Managementprogrammen anpassen, womit sie meist überfordert sind und resignieren. Ein weiterer Grund ist eine Monopolstellung in der Vergangenheit. Organisationen hatten zuvor wenig Konkurrenz und wiegen sich in eine trügerische Sicherheit. Ungleichgewicht in einer Organisation kann auch durch persönliche Konkurrenz entstehen, d.h. die eigentlichen Aufgaben der Organisation geraten in den Hintergrund (vgl. Osterhold 2000, S. 17).[4]

Gründe für ein Ungleichgewicht bzw. für einen geplanten, organisatorischen Wandel, der notwendig ist, sind sehr vielfältig. Sie können von Vahs ergänzt werden:[5]

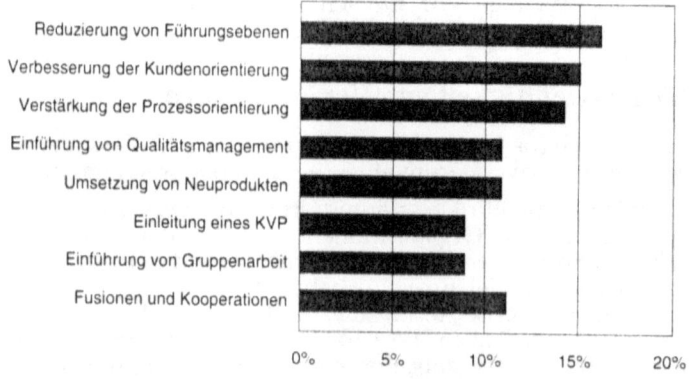

Abb. 1: Gründe für Veränderungsmaßnahmen (entnommen aus: Vahs 2001, S. 246)

Aus dieser Tabelle ist zu entnehmen, dass die Reduzierung von Führungsebenen der häufigste Grund für den organisatorischen Wandel ist.

---

[4] Es sind nur einige Gründe für Ungleichgewichte in Organisationen aufgeführt worden. Eine ausführlichere Darstellung finden Sie in Osterhold 2000, S. 14 ff.
[5] Detailliertere Beschreibung von Gründen für den organisatorischen Wandel in Vahs 2001, S. 246 ff.

Danach wird die Verbesserung der Kundenorientierung und die Verstärkung der Prozessorientierung als Grund genannt.
Neben den in der Tabelle dargestellten Gründen für die Notwendigkeit von Veränderungen nennt Vahs zusätzlich den Druck des Marktes und des Wettbewerbs (vgl. Vahs 2001, S. 247). Diese Notwendigkeit ergibt sich aus dem Fortschritt der Wirtschaft und der Technologien. Die einzelnen Organisationen müssen mit dem Fortschritt mithalten, um überlebensfähig zu bleiben.

Zusammenfassend ist festzuhalten, dass Veränderungen generell notwendig sind, um konkurrenzfähig zu bleiben und um nicht zu stagnieren.

Was mir bei der Aufzählung von Gründen für einen geplanten Wandel in Organisationen bzw. Gründen für eine Notwendigkeit von Veränderungen fehlte, erläutere ich im folgenden.

Veränderungen werden auch notwendig, wenn Organisationen wachsen oder schrumpfen. Personalzuwachs bedeutet für alle Mitarbeiter, sich neuen Herausforderungen zu stellen, wie beispielsweise erhöhte Teamfähigkeit, Anpassungsbereitschaft, Hilfsbereitschaft gegenüber den neuen Mitarbeitern.

Personalabbau, der oft die Konsequenz von Restrukturierungsprogrammen ist, führt zu neuen, evtl. auch zusätzlichen Aufgaben, die von den Mitarbeitern zu bewältigen sind.

Um auf dem Wirtschaftsmarkt konkurrenzfähig zu bleiben, wird von den Mitarbeitern daher oft eine Leistungssteigerung in Form von Mehrarbeit oder zusätzlichen Aufgaben erwartet. Das kann dazu führen, dass sich Mitarbeiter in den jeweiligen Bereichen weiterbilden müssen.

Es kann festgehalten werden, dass Veränderungen in Organisationen notwendig sind. Das Ziel, das Organisationen mit Veränderungsprozessen verfolgen, ist eine Verbesserung der bestehenden Strukturen bzw. eine höhere Effizienz, Mitarbeiterzufriedenheit, Flexibilität und Anpassungsfähigkeit gegenüber der Umwelt (vgl. Klages, Schmidt 1978, S. 27). Durch das Herbeiführen von Veränderungen werden die bereits bestehenden Strukturen, Aufgaben etc. in Frage gestellt und es wird nach Verbesserungsmöglichkeiten gesucht.

2.4 Konsequenzen von Veränderungen

Was kann sich in einer Organisation verändern? Was sind die Konsequenzen von Wandel?

Einzelne Veränderungen, die sich in einer Organisation ereignen, können hier nicht erfasst werden, da dies davon abhängt, welche Veränderungsabsichten eine Organisation hat und welche Ausmaße diese Veränderungen mit sich bringen können. Deshalb gibt es zahlreiche Veränderungen, die in Organisationen stattfinden können. Eines ist allerdings sicher: Veränderungsprozesse können weitreichende Auswirkungen auf die Mitarbeiter und auf die Organisation zur Folge haben. Somit kann nur allgemein beschrieben werden, was sich hinsichtlich der Organisation und der Mitarbeiter verändern kann.

Konsequenzen, die in Zeiten einer Restrukturierung in Organisationen stattfinden können, möchte ich nun kurz erläutern:

Meiner Meinung nach kann ein Wandel in der Organisation die eigentliche tägliche Arbeit der Mitarbeiter verändern. Versetzungen in andere Abteilungen, somit auch andere Tätigkeiten, Weiterbildungen, Mehrarbeit, aber auch der Wegfall von Tätigkeiten und Aufgabenverluste können die Folge von Veränderungsprozessen sein. Verluste von Aufgaben können Widerstand hervorrufen, da Mitarbeiter nach Machterhalt streben und befürchten, dass sie in der Hierarchie der Organisation sinken.

Restrukturierungsprogramme können auch betriebliche Veränderungen zur Folge haben, beispielsweise ein neues Management, neue Führungskräfte, Verlegung an einen neuen Standort, neue Abteilungen. Veränderungsprozesse können die bisherige betriebliche Struktur erneuern. Veränderungsprozesse können daher weitreichende Folgen mit sich tragen.

Die Veränderungen, die ich oben beschrieben habe, sind sichtbare Aspekte. Diese können ergänzt werden durch Aspekte, die nicht klar ersichtlich sind. Dabei unterscheidet Comelli (1985) formale Aspekte, die sichtbar sind und informale Aspekte, die unsichtbar sind:

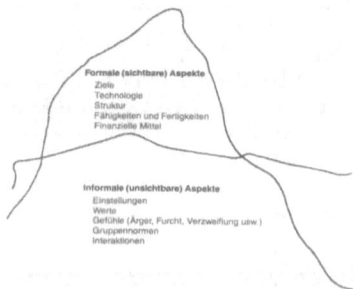

Abb. 2: The „Organizational Iceberg" (von St. N. Herman, entnommen aus: J.D. Adams, 1975, S. 108)[6]

---

[6] übernommen aus: Comelli 1985, S. 21

Die obige Abbildung zeigt einen „Organisations-Eisberg" (vgl. Comelli, 1985, S. 21). Über der Wasseroberfläche sind die Veränderungen zu sehen, wie beispielsweise Ziele, neue Technologien, die Organisationsstruktur, Fähigkeiten und Fertigkeiten sowie finanzielle Mittel. Unter der Wasseroberfläche verdeckt werden informale Aspekte aufgeführt, die unsichtbar sind. Dabei nennt Comelli soziale Faktoren, wie Einstellungen, Werte, Gefühle, Gruppennormen und Interaktionen. Comelli nennt diese Aspekte „Mensch – Veränderung" (Comelli 1985, S. 19). Es sind Auswirkungen auf den Menschen, auf seine Gefühle und Emotionen, die durch Veränderungsprozesse hervorgerufen werden können.

Diese sozialen Faktoren bleiben bei einem Veränderungsprozess oft von denjenigen, die Wandel herbeiführen, unbemerkt. Somit kommen diesen Faktoren bei einem Veränderungsprozess nur wenig Beachtung zu, obwohl die sozialen Aspekte einen erheblichen Einfluss sowohl auf die Einstellung zu den Veränderungsabsichten als auch auf die Verarbeitung von möglichen Konsequenzen, die durch den Wandel hervorgerufen werden können, haben.

Im folgenden Abschnitt gehe ich näher auf die Emotionen der Mitarbeiter ein, die durch Restrukturierungsprogramme Veränderungen ausgesetzt sind.

2.5 Der emotionale Verlauf eines Veränderungsprozesses

Wie bereits erwähnt, spielen in einem Veränderungsprozess die Emotionen der Mitarbeiter eine große Rolle. Vahs (2001) betont in diesem Zusammenhang die „`weiche` Seite des Wandels"[7](Vahs 2001, S. 183), die bei einem Veränderungsprozess eine wichtige Rolle spielt und somit nicht außer Acht gelassen werden darf. Darunter versteht er die Gefühle und Emotionen der Mitarbeiter in einem Veränderungsprozess.

Die nun folgende Landkarte in Form einer Veränderungskurve, als Lernmodell von Veränderung (Chapmann/ Jupp, 1992), soll den emotionalen Verlauf eines Veränderungs- oder Entwicklungsprozess in anschaulicher Weise darstellen. Die Veränderungskurve zeigt die wichtigsten und typischen Stationen und Krisen in Entwicklungsprozessen:

---

[7] Hervorhebungen im Original

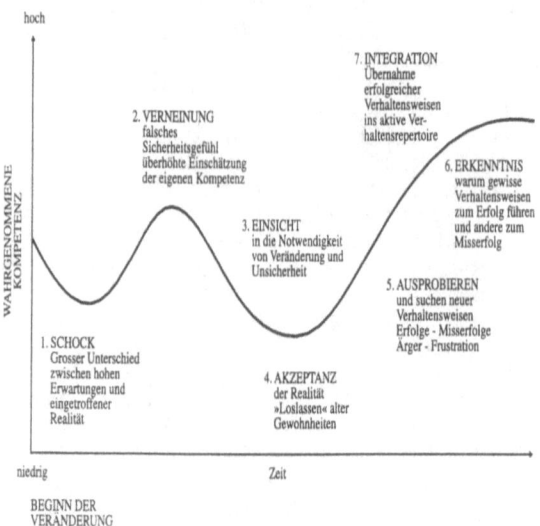

Abb. 3: Landkarte: Die sieben Phasen der Veränderungskurve (entnommen aus: Fatzer [u.a.]1999, S. 14)[8].[9]

In der ersten Phase beschreibt Fatzer die Erfahrung, zum ersten Mal mit einer neuen Situation konfrontiert zu sein. Die Reaktion auf die neue Situation wird oft als Schock beschrieben. Schock ist eine häufige Reaktion, wenn es einen großen Unterschied zwischen hohen Erwartungen und eingetroffener Realität gibt. Das kann dazu führen, dass Mitarbeiter plötzlich außerstande sind, Pläne zu machen oder logisch zu argumentieren. Dies erweckt zunächst den Eindruck, dass die Person unfähig ist, mit der Situation zurechtzukommen und entsprechend zu handeln. „Die vertikale Achse ist insofern wichtig, als das die Gefühle, die eine Person bezüglich ihrer Effektivität bei der Arbeit hat, stark mit ihrer tatsächlichen Leistung zusammenhängen" (Fatzer [u.a.] 1999, S. 15).

Die zweite Phase wird mit Verneinung beschrieben. Der Mitarbeiter hat das Gefühl, kompetent zu sein und mit der Situation fertig zu werden. Die Person hat ein falsches Sicherheitsgefühl, eine überhöhte Einschätzung von sich selbst und seiner eigenen Kompetenz.

---

[8] entwickelt von Chapmann/ Jupp, 1992
[9] ausführliche Erläuterung der Veränderungskurve auch in Vahs 2001, S. 283ff.

Diese Phase ist die Schwierigste, da hier oft eine Weiterentwicklung verhindert wird. Anhand der Veränderungskurve ist zu sehen, dass die eigene wahrgenommene Kompetenz sehr hoch ist. Dies beruht auf der Einstellung, dass Veränderung nicht notwendig ist. Eine bewusste persönliche Entscheidung und die Einsicht in die Notwendigkeit von Veränderungen ist erforderlich, um die 2. Phase verlassen zu können.

In der 3. Phase geht es um die Einsicht in die Notwendigkeit von Veränderung und um Unsicherheit. Mitarbeiter erkennen ihre eigene Unfähigkeit. Diese Unfähigkeit betrifft allerdings nur Teilbereiche, nicht die gesamt Arbeit. In dieser Phase treten häufig Frustrationsgefühle auf. Ursache für diese Gefühle ist meistens Verwirrung und Unsicherheit darüber, wie man mit dem Veränderungsprozess fertig werden soll.

Die 4. Phase beschreibt Fatzer als Akzeptanz. Hier liegt der niedrigste Wert der Einschätzung der eigenen Fähigkeiten. Die neue Situation wird in dieser Phase akzeptiert. Hier sind die Mitarbeiter gefordert, bisher gewohnte Einstellungen und Verhaltensweisen, die früher angemessen waren, aber in der neuen Situation unangemessen sind, „loszulassen". Depressionen und Frustrationen können die Folge sein. Diese Phase beschreibt Fatzer als „Experimentierphase, in der man lernt, dass Probleme auch noch auf andere Art und Weise zu lösen sind" (Fatzer [u.a.] 1999, S. 16 f).

In der 5. Phase müssen Mitarbeiter neue Verhaltensweisen suchen und ausprobieren. Dabei kann er Erfolge, aber auch Misserfolge, Ärger, aber auch Frustrationen erleben. In dieser Phase werden z.B. neue Strategien umgesetzt.

In der 6. Phase gewinnt der Mitarbeiter die Erkenntnis, warum gewisse Verhaltensweisen zum Erfolg führen und andere zum Misserfolg. Diese Phase kann ein Mitarbeiter allerdings nur dann erreichen, wenn er die in Phase 5 erfahrenen Gründe für den eigenen Erfolg und Misserfolg versteht.

In der 7. Phase werden die Verhaltensweisen, die in Phase 5 bei der Lösung bestimmter Probleme erfolgreich waren, nun in das „aktive Verhaltensrepertoire" übernommen. In dieser Phase fühlt sich eine Person wesentlich kompetenter als zu Beginn der ersten Phase der Veränderungskurve (vgl. Fatzer [u.a.] 1999, S. 18).

Diese Verlaufskurve beschreibt, wie sich Mitarbeiter während eines Veränderungsprozesses fühlen und wie sie Veränderungen verarbeiten. Dieses Schema trifft auf viele Veränderungsprozesse zu, allerdings kann es auch Abweichungen geben.

Die Veränderungskurve von Chapmann / Jupp (1992) kann noch ergänzt werden durch die Ausführungen von Noer (1998), der auf vier Lerntypen eingeht, die unterschiedlich auf Veränderungen reagieren. Er nennt diese vier verschiedenen Typen der Überwältigte, der Verschanzte, der Angeber und der Lernende. Der Überwältigte zieht sich bei Veränderungen zurück und weicht aus. Der Verschanzte klammert sich an eingefahrene Wege und blockiert somit Veränderungsabsichten. Diese beiden Typen wehren sich gegen den Wandel und zeigen Veränderungswiderstand. Der Lernende dagegen packt zu und entwickelt sich weiter. Der Angeber ist hochmotiviert, aber substanzlos (vgl. Noer 1998, S. 31). Da jeder Typ andere Emotionen in Veränderungsprozessen hat, reagieren sie auch unterschiedlich auf den Wandel.[10]

Nachdem ich ein Modell und die Unterschiedlichkeit der Reaktionen von Mitarbeitern auf Veränderungen aufgezeigt habe, knüpfe ich an die zweite Phase der Veränderungskurve nach Chapmann / Jupp(1992) an (vgl. Fatzer [u.a.] 1999, S. 13 ff), in der es um die Verneinung der beabsichtigten Veränderungen geht.

Im nächsten Kapitel geht es um Veränderungswiderstand, um die Erscheinungsformen und um Ursachen von Widerstand.

---

[10] Detailliertere Ausführungen in: Noer 1998, S. 37ff.

3. Veränderungswiderstand

3.1 Definition von Veränderungswiderstand

Wie bereits erwähnt knüpfe ich an den zweiten Punkt der Veränderungskurve nach Chapmann/ Jupp (1992) an. Dabei geht es um die Verneinung. Eine Abwehrreaktion gegen Veränderungen ist normal. Wenn Mitarbeiter diese Veränderungsmaßnahmen aber langfristig nicht akzeptieren und zur Einsicht kommen, dann ist von einem Veränderungswiderstand die Rede.

Der Begriff des Widerstandes ist seit Freud bekannt (um 1900). Widerstand ist ein Begriff, der in der Psychotherapie häufig angewendet wird (vgl. Nevis 1988, S.169).

Der Begriff des Widerstandes kommt ursprünglich aus der Physik. Widerstand erzeugt Spannung (vgl. Neues Grosses Lexikon 1991, S. 930). Das kann auch auf den Veränderungswiderstand, der von Mitarbeitern gezeigt wird, übertragen werden. Zwischen den Veränderungskräften, die sich entwickeln möchten, um einen neuen Zustand zu erreichen, und den Widerstandskräften, die den alten Zustand erhalten möchten, entsteht ein Spannungsfeld. Dies zeigt die folgende Abbildung:

Abb. 4: Spannung zwischen Widerstandskräfte und Veränderungskräfte (entnommen aus einer Projektarbeit zum Thema Veränderungswiderstand von der Beratungssozietät Lange, Winther & Partner, Köln)

Nach Nevis ist Widerstand aus Sicht des Initiators von Wandel defensiv (Nevis 1988, S. 171). Dies ist auch der Grund, weshalb diejenigen, die Veränderungen auslösen, Widerstand nicht verstehen können. Sie haben eine andere Perspektive als die Zielgruppen von Wandel (vgl. Nevis 1988, S. 169). Aus Sicht des Widerstandsleistenden ist es ein angemessenes Verhalten. Widerstand ist eine Schutzreaktion gegen Bedrohung ihrer Integrität (vgl. Nevis 1988, S.

173f.). Nevis (1988) lehnt den Begriff des Widerstandes ab. Stattdessen bezeichnet er Widerstand als eine vielfältig gerichtete Energie. Er versteht darunter das Erleben von Individuen, die auf Veränderungen reagieren und sich mit dem Prozess der Veränderung beschäftigen. Das Nicht-Akzeptieren von starren Positionen bezeichnet er als Widerstand (vgl. Nevis 1988, S.176).

Es gibt eine ganze Anzahl von Definitionen von Veränderungswiderstand.

Vahs (2001) beschreibt Widerstand als „eine selbstverständliche und normale Begleiterscheinung von Veränderungen und Neuerungen .. , wobei unter Widerständen emotionale Sperren verstanden werden, die Organisationsmitglieder gegen Änderungen aufbauen (...)"(Vahs 2001, S. 274).

Nevis bezeichnet Widerstand als „eine von Managern oder Beratern angewendete Bezeichnung für das von ihnen wahrgenommene Verhalten anderer, die nicht bereit zu sein scheinen, Einflussnahme oder Hilfe zu akzeptieren"(Nevis 1988, S. 169). Nevis bezieht sich dabei eher auf diejenigen, die Veränderungen auslösen. Demnach ist Widerstand eine eher negative Verhaltensweise. Meiner Meinung nach fehlt in dieser Definition die Perspektive der Mitarbeiter, die Veränderungen abwehren.

Deshalb beziehe ich mich auf die Definition von Klaus Doppler (1999).

> „Von Widerstand kann immer dann gesprochen werden, wenn vorgesehene Entscheidungen oder getroffene Maßnahmen, die auch bei sorgfältiger Prüfung als sinnvoll, ‚logisch' oder sogar dringend notwendig erscheinen, aus zunächst nicht ersichtlichen Gründen bei einzelnen Individuen, bei einzelnen Gruppen oder bei der ganzen Belegschaft auf diffuse Ablehnung stoßen, nicht unmittelbar nachvollziehbare Bedenken erzeugen oder durch passives Verhalten unterlaufen werden" (Doppler 1999, S. 293).[11]

Diese Definition geht im Gegensatz zu der Definition von Nevis stärker auf die Mitarbeiter ein, die Veränderungen aus noch unersichtlichen Gründen ablehnen. Dabei geht Doppler auch kurz auf mögliche Reaktionen der Mitarbeiter ein, indem er erwähnt, dass sie Veränderungen durch passives Verhalten abwehren können. Außerdem zeigt die Definition die Problematik von Veränderungsabsichten auf. Doppler erwähnt in diesem Zusammenhang die Entscheidungen, die zunächst als notwendig erscheinen, die aber von der Belegschaft abgewehrt werden. Daraus wird die Problematik deutlich, die bei Veränderungsabsichten entstehen kann und die

---

[11] Kursive Schrift im Original

von denjenigen, die Wandel auslösen, erkannt und bearbeitet werden muss.

Die Definition von Nevis (1988) und Doppler (1999) kann von Vahs (2001) ergänzt werden. Vahs nennt drei Arten von Widerständen.

„Der rationale Widerstand kann in logische Argumente gefasst werden (...)"(Vahs 2001, S. 280). Können Veränderungen nachvollziehbar begründet werden, damit Mitarbeiter die Notwendigkeit für den Wandel erkennen, dann kann Widerstand besser weichen.

„Politischer Widerstand entsteht, wenn die Veränderung mit der Angst verbunden ist, den Einfluss und die Positionsmacht im Unternehmen zu verlieren"(Vahs 2001, S. 280 f.). Dieser Widerstand wird selten offen gezeigt. Die Macht zu behalten kann zu irrationalen Handlungsweisen führen, die nicht vorhersehbar sind.

„Emotionaler Widerstand resultiert aus mehr oder weniger konkreten Befürchtungen und aus der Angst vor allem Neuen"(Vahs 2001, S. 281). Der emotionale Widerstand ist am schwersten zu handhaben, da er aus dem subjektiven Gefühl resultiert, mit den anstehenden Veränderungen „nicht fertig zu werden"[12](vgl. Vahs 2001, S. 281). Der emotionale Widerstand kann nach Vahs nur dann vermindert werden, wenn Gespräche über Ängste und Befürchtungen geführt werden.

Alle drei Arten von Widerständen können zeitgleich auftreten, oft auch in nur einer Person (vgl. Vahs 2001, S. 281).

Bei der Frage, was unter Widerstand zu verstehen ist, muss auch zwischen offenem und verdecktem Widerstand unterschieden werden. Der offene Widerstand wird angemessen geäußert, er ist sachorientiert und wird gemeinsam mit den Initiatoren von Wandel bearbeitet. Der verdeckte Widerstand wird dagegen nur indirekt gezeigt. Er wird nicht verbalisiert (vgl. Schanz 1982, S. 329).

Heeg (1994) unterscheidet zudem zwischen passiven und aktiven Widerstand. Beim passiven Widerstand wird kein positiver Beitrag zur Gestaltung der Arbeitsbedingungen geleistet. Beim aktiven Widerstand dagegen werden Gegenvorstellungen entwickeln und es wird versucht, sie umzusetzen. Diese Art von Widerstand ist gekennzeichnet von Bemühungen um Kompromisse mit den Initiatoren von Wandel, mit Streik und Arbeitsverweigerung (Heeg 1994, S. 492).

Zusammenfassend kann festgehalten werden, dass Widerstand dann auftritt, wenn Veränderungen auftreten. Veränderungen bedeuten immer neue Regelungen. Individuen, die sich für einen Wandel aussprechen, sehen daraus für sich selbst Vorteile. Sie ver-

---

[12] Hervorhebungen im Original

bessern somit ihre gegenwärtige Lage. Diejenigen, die sich gegen den Wandel wehren, fühlen sich meistens in ihrer Existenz bedroht. Daraus resultiert dann ein Veränderungswiderstand.

3.2 Ursachen von Widerstand

Durch den Widerstand der Mitarbeiter gegen den Wandel soll der Erfolg der Veränderung gefährdet werden.

Eine Ursache für Widerstand kann die fehlende Anpassungsbereitschaft und das fehlende Anpassungsvermögen sein (vgl. Vahs 2001, S. 274). Mitarbeiter wollen sich häufig nicht anpassen oder sie können es nicht, da sie Gewohntes nicht aufgeben wollen.

Die Rolle des Gewohnheitshandelns spricht auch Schanz (1982) an. Die Gewohnheit lässt Menschen an Bewährtem festhalten. Veränderungen gegenüber sind sie eher skeptisch (vgl. Schanz 1982, S. 331). „...die Ausführung gewohnter Verhaltensweisen häufig einen eigenständigen Befriedigungswert bekommt" (Schanz 1982, S. 331 zit.n. Watson 1975, S. 418). Der Zusammenhang zwischen individuellem Streben nach Bedürfnisbefriedigung und dem organisatorischem Wandel wird in diesem Kapitel später erläutert.

Nach Vahs (2001) ist der wirtschaftliche Erfolg der Vergangenheit eine mögliche Ursache für Veränderungswiderstand. Es wird an ehemals erfolgreichen Lösungen festgehalten. Innovative Problemlösungskonzepte stoßen auf Ablehnung bei den Mitarbeitern (vgl. Vahs 2001, S. 276f.). Dies ist besonders in einer Restrukturierungsphase riskant, da innovative Lösungen gebraucht werden, um die Wettbewerbsfähigkeit und die Effizienz der Organisation zu steigern.

Verfestigte Strukturen in Organisationen, wie beispielsweise Beziehungsgeflechte, werden als „erfolgreiche Bewältigung von Zukunftsproblemen gesehen"(Vahs 2001, S. 277). Diese verfestigten Strukturen hemmen Veränderungsabsichten.

Eine weitere mögliche Ursache für einen Widerstand, insbesondere gegen Restrukturierungsmaßnahmen, ist die Unsicherheit bzw. Furcht und Angst, die jede Veränderung mit sich bringt (vgl. Schanz 1982, S. 333). Mitarbeiter können nicht einschätzen, wie es weitergeht und wie stark sie persönlich von den Erneuerungen betroffen sind. Dies wird verstärkt durch die fehlenden Informationen der Mitarbeiter. Es fehlt die Transparenz des Projektes. Betroffene werden zu wenig über den Stand der Entwicklung aufgeklärt. Außerdem sind Informationen für die Mitarbeiter oft unklar. Somit gibt es Kommunikationsprobleme während der Restrukturierungsprogramme. Es fehlt oft an einem Problemverständnis, d.h. Mitarbeiter sehen nicht die Notwendigkeit für Veränderungen. Unsicherheit wird auch verstärkt durch fehlendes Vertrauen zu den Initiatoren von Wandel. Weiterhin werden Betroffene zu wenig am Entscheidungsprozess beteiligt. Ihre Meinungen finden oft keine Berücksichtigung bei den Veränderungsabsichten. Negative Erfahrungen aus der Vergangenheit werden häufig auf das neue Projekt übertragen (vgl. Vahs 2001, S. 279 ff.).

Neben der Unsicherheit und den damit verbundenen Ursachen von Widerstand kann auch der erhöhte Lernaufwand eine mögliche Ursache sein (Klages, Schmidt 1978, S. 63 f.)[13]. Gerade während der Restrukturierungsphase müssen sich Mitarbeiter aufgrund von gesteigerten Anforderungen oder anderen Aufgaben, die sie z.B. wegen Personalabbau übernehmen müssen, weiterbilden. Somit müssen sie oft mehr Zeit in Anspruch nehmen. Dies wird als belastend empfunden. Verhaltensweisen, die sich in der Vergangenheit bewährt haben, müssen aufgegeben werden und neue erlernt werden.

Vahs (2001) geht in diesem Zusammenhang mehr auf die Konsequenzen der Mitarbeiter durch zusätzliche Arbeit ein.

Während den Restrukturierungsmaßnahmen geht die alltägliche Arbeit weiter. Nach Vahs kann dies zu einer psychischen und physischen Überlastung der Mitarbeiter führen (vgl. Vahs 2001, S. 280).

Dabei spielt es keine Rolle, ob zusätzliche Arbeit und der evtl. damit verbundene erhöhte Lernaufwand in der Arbeitszeit erledigt wird oder außerhalb.

Bei Veränderungsabsichten befürchten Mitarbeiter Nachteile in ihrer Bedürfnisbefriedigung (in Anlehnung an die Maslow'schen Kategorien) (vgl. Schanz 1982, S. 331ff.).

Aufgrund gesteigerter Anforderungen und die Notwendigkeit, neues Wissen und Fähigkeiten zu erlernen, befürchten Mitarbeiter, dass ihre physiologischen Bedürfnisse bedroht sind. Sie haben Angst, dass sie den neuen Anforderungen sowohl körperlich als auch geistig nicht gerecht werden.

Außerdem fühlen sie sich oft in ihrer Sicherheit bedroht, wobei hier die existentielle Sicherheit gemeint ist. Die Mitarbeiter haben Angst vor Entlassungen aus wirtschaftlichen Gründen.

Das Bedürfnis nach Zugehörigkeit kann durch Veränderungen bedroht sein. Durch Aufspaltung einer Arbeitsgruppe oder durch räumlich voneinander getrennte Arbeitsplätze kann die Interaktion zwischen den Mitarbeitern vermindert werden.

---

[13] Ich beziehe mich auf Helmut Klages und Rolf W. Schmidt (1978), da ihre Ausführungen meiner Meinung nach auch heute noch Gültigkeit haben.

Hier kann auch an Klagen und Schmidt (1978) angeknüpft werden. Demnach können Veränderungen der Kommunikationsbedingungen untereinander eine Ursache für Veränderungswiderstand sein. Kontakte zu anderen Mitarbeitern fördern oft die Selbstbestätigung und den Aufbau von Selbstachtung. Wenn diese Kommunikation nicht gegeben sind, dann bauen sich Ängste und Unsicherheiten bei den Mitarbeitern auf (vgl. Klages/ Schmidt 1978, S. 63, Doppler/ Lauterburg 1999, S. 306f.).

Nach Schanz (1982) kann das Bedürfnis nach Wertschätzung bedroht werden. Wenn ein Mitarbeiter durch Veränderungsmaßnahmen in der Hierarchie der Organisation herabgesetzt wird, dann wird oft die eigene Wertschätzung bedroht (vgl. Schanz 1982, S. 332). Auch an diesem Punkt kann auf Klages, Schmidt (1978) zurückgegriffen werden. Das Bedürfnis nach Wertschätzung ist gleichzusetzen mit der Statusverunsicherung und –verlust. Das trifft meist auf Führungskräfte zu, die den Wandel nicht selbst gestalten, also auch Betroffene sind. Organisationen vermitteln ihren Mitarbeitern einen „sozialen Status". Die Zahl der Untergebenen und die Zahl der Situationen, in der Autorität ausgeübt werden konnte, ist statuswirksam. Beeinflussung und Macht spielen somit eine große Rolle. Durch Statusveränderungen kann das Selbstachtungsgefühl des jeweiligen Mitarbeiters bedroht werden (vgl. Klages, Schmidt 1978, S. 64). Vahs (2001) nennt in diesem Zusammenhang die **„persönliche Dequalifizierung"**[14](Vahs 2001, S. 280). Darunter versteht er beispielsweise Prestigeverlust, Verlust an Kompetenzen und Einkommenseinbußen. Dadurch versprechen sich Mitarbeiter bzw. Führungskräfte, die den Wandel nicht herbeiführen, keine positiven Konsequenzen durch Veränderungen und zeigen Veränderungswiderstand. Neben Macht und Beeinflussung spielt also auch Prestige bei Veränderungsprozessen eine Rolle.

Nach Gairing (1999) sehen Führungskräfte, die Veränderungen nicht herbeiführen, ihre Interessen gefährdet. Durch ihren Widerstand können Veränderungsstrategien bis zum Schluss scheitern (Gairing 1999, S. 213f.).

Auch können die Möglichkeiten der Selbstverwirklichung in Anlehnung an die Maslow'schen Kategorien aufgrund von Veränderungsmaßnahmen vermindert werden. Wenn Mitarbeiter nicht mehr an der Gestaltung von Arbeitsabläufen teilnehmen können, wenn sie nicht mehr selbständig entscheiden können, dann fehlen die Möglichkeiten, um sich selbst verwirklichen zu können (vgl. Schanz 1982, S. 332).

Neben den genannten Ursachen von Veränderungswiderstand beziehe ich mich auf Wottowa, Gluminski (1995), die Faktoren

---

[14] Hervorhebungen im Original

beschreiben, die Widerständen zugrunde liegen[15]. Dabei nennen sie u.a. persönliche Faktoren. Es handelt sich dabei um Persönlichkeitseigenschaften wie Flexibilität und Ängstlichkeit, Motivation, Lernbereitschaft, Einstellungen, Gewohnheiten und biographische Merkmale (vgl. Wottowa, Gluminski 1995, S. 310). Je nachdem, wie diese Eigenschaften ausgeprägt sind, kann es zu einem Veränderungswiderstand kommen.

Weiterhin spielen Faktoren des sozialen Umfeldes eine wichtige Rolle. Aufgrund von bestimmten Meinungen von Bezugspersonen in Organisationen kann es zu einem Veränderungswiderstand kommen, indem sie auf andere Mitarbeiter Gruppendruck oder Konformitätsdruck ausüben (vgl. Wottowa, Gluminski 1995, S. 310).

Allgemein betrachtet, wünschen sich Mitarbeiter nur dann Veränderungen, wenn sie in unerträglichen Situationen leben, wenn sie die Notwendigkeit erkannt haben, über die Zukunft nachdenken und Ideen und Visionen haben (vgl. Osterhold 2000, S. 11 f.).

Ob Veränderungen von Mitarbeitern in Organisationen unterstützt werden oder nicht, hängt im wesentlichen davon ab, ob Veränderungen bewusst herbeigeführt und mit den Mitarbeitern besprochen werden, oder ob Veränderungen den Mitarbeitern aufgezwungen werden. (vgl. Osterhold 2000, S. 12). Dabei geht es auch um die Wahrnehmung der Mitarbeiter, ob sie aktiv oder passiv beteiligt sind. In beiden Fällen wird es eine neue Ordnung geben verbunden mit Irritationen (vgl. Osterhold 2000, S. 12). „Die Gedanken, die Gefühle, die gegebenen Erklärungen und das Handeln sind grundsätzlich anders"(Osterhold 2000, S. 12). Die Reaktion der Mitarbeiter sind also unterschiedlich, je nachdem, wie sie die Veränderungen wahrnehmen und inwieweit sie selbst davon betroffen sind.

3.3 Die Rolle des „Bewahrenden"

Veränderungswiderstand wird zunächst als eine negative Haltung verstanden (vgl. Definition von Widerstand nach Nevis, S.27). Mitarbeiter wehren sich gegen beabsichtigte Veränderungen oft so stark, dass die Möglichkeit besteht, dass Veränderungsabsichten blockiert werden und erscheinen somit störrisch.

Veränderungswiderstand hat aber einen bestimmten Sinn sowohl für die Organisation als auch für ihre Mitarbeiter.

In diesem Zusammenhang beziehe ich mich auf Klein (1976)[16], dessen Aussagen auch heute noch sehr brauchbar sind.

---

[15] Zit. n. Böhnisch, 1979
[16] entnommen aus: Nevis 1988, S. 179

Er nennt den Begriff des „Bewahrenden". Seiner Meinung nach hält dieser an bewährten Traditionen und Werten fest. Dies gibt ihm die Kraft, sich gegen Veränderungen zu wehren.

Nach Klein sind das die Vorbedingungen für einen erfolgreichen Wandel, denn es gibt drei Gründe, weshalb der „Bewahrende" von Nutzen ist.

Zum einen erkennen „Bewahrende", dass die Initiatoren von Wandel kein Verständnis für die grundlegenden Werte des Systems haben, die sie beeinflussen wollen. „Bewahrende" können diese Werte versuchen zu erhalten. Außerdem erkennen sie die Folgen des Wandels für das Unternehmen, was die Initiatoren nicht voraussehen können, da sie zu stark in den Veränderungsabsichten involviert sind. Weiterhin ist der „Bewahrende" in der Lage, auf Veränderungen zu reagieren, die die Integrität des Systems verletzen können. Sie reagieren sensibel auf die Bedeutung des Erhalt von Selbstachtung, Kompetenz und Autonomie (vgl. Nevis 1988, S. 170 zit. n. Klein 1976, S. 121).

In dieser Ausführung nach Klein (1976), welche Bedeutung der „Bewahrende" haben kann, wird insbesondere auch der Nutzen für die Organisation deutlich. Er schützt aufgrund seines Widerstandes die Organisation vor unüberlegten Entscheidungen.

Hier liegt auch der Sinn des Widerstandes.

Für die Organisationen bedeutet dies, dass sie aufgrund des Widerstandes von Seiten der Mitarbeiter gezwungen sind, über die Konsequenzen der Veränderungsabsichten nachzudenken und sie zu hinterfragen, um später den beabsichtigten Wandel durchführen zu können.

Der Sinn des Widerstandes für den einzelnen Mitarbeiter ist die Motivation, Bewährtes zu erhalten und mögliche Veränderungen aufzuhalten. Hinzu kommt die Unsicherheit, die Veränderungen immer bei den Mitarbeitern mit sich bringt. Mitarbeiter halten oft an Traditionen, die sich im Laufe der Zeit bewährt haben, um das Gefühl der Sicherheit aufrechtzuerhalten (vgl. Nevis 1988, S. 170).

Zusammengefasst kann festgehalten werden, dass „Bewahrende" kritischer sind und Veränderungen eher hinterfragen als die Initiatoren von Wandel.

Klein erwähnt allerdings in diesem Zusammenhang nicht, dass „Bewahrende" auch Veränderungsabsichten blockieren können. Wenn sie die Entwicklung der Organisation blockieren, indem sie an bewährten Traditionen festhalten, dann besteht die Gefahr, dass die Organisation nicht mehr wettbewerbsfähig sein kann. „Bewahrende" können meiner Meinung nach nur dann von Nutzen sein, wenn der Widerstand nicht zu groß ist und wenn diejenigen, die Veränderungen auslösen, die Bedenken der Mitarbeiter ernst nehmen und wenn ihre Einwände bei der Gestaltung des Wandels

Berücksichtigung finden. Kompromisse von beiden Seiten sind die Voraussetzung für einen erfolgreichen Wandel.

3.4 Erscheinungsformen von Widerstand

Widerstand kann auf ganz unterschiedliche Weise gezeigt werden.

Das hängt davon ab, inwieweit der Mitarbeiter selbst von den Veränderungsabsichten betroffen ist, welche Position er in der Organisation hat, welche Art von Veränderung beabsichtigt ist und ob er Führungskraft oder Mitarbeiter ist.

Vahs (2001) nennt bei einem ungeplanten Wandel zwei Handlungsweisen, die Mitarbeiter zeigen können: ein passiv-abwartendes Verhalten und ein reaktiv-handelndes Verhalten, die ich nicht weiter erläutere. Welches Verhalten angebracht ist, entscheidet die jeweilige Situation. „(...) die Reaktionen im Allgemeinen darauf gerichtet sind, den ursprünglichen und durch die situativen Einflüsse gestörten Gleichgewichtszustand wiederherzustellen"(Vahs 2002, S. 228). Das heißt, auch beim ungeplanten Wandel versuchen Menschen, sich gegen die Veränderungen zur Wehr zu setzen und an dem Bewährten festzuhalten.

Vahs (2001) beschreibt sieben Typen von Personen und Personengruppen hinsichtlich der Reaktionen auf die geplante Veränderung (vgl. Vahs 2001, S. 274ff.).

Die folgende Abbildung zeigt die typischen Einstellungen gegenüber dem organisatorischen Wandel.

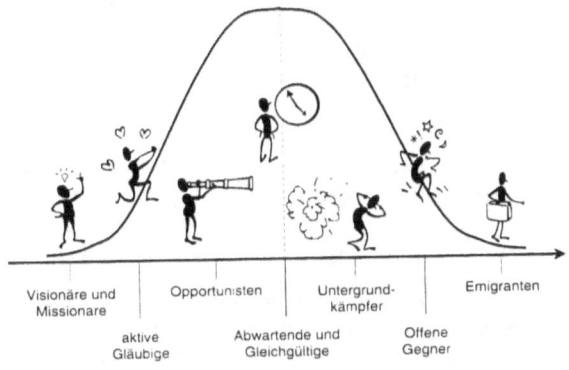

Abb. 5: Typische Einstellungen gegenüber dem organisatorischen Wandel (entnommen aus: Vahs 2001, S. 275)

Nach Vahs (2001) gehören die Visionäre in der Regel dem Top-Management an. Sie sind die Initiatoren des Wandels. Deshalb sind sie von der Richtigkeit der Veränderungsabsichten überzeugt. Im Sinne von Missionaren versuchen sie, die anderen Mitarbeiter von der Notwendigkeit zu überzeugen (vgl. Vahs 2001, S. 275).

Die aktiven Gläubigen akzeptieren den bevorstehenden Wandel. Sie setzen ihre ganze Arbeits- und Überzeugungskraft ein, um die Ziele der Veränderung zu erreichen (vgl. Vahs 2001, S. 275).

Die Opportunisten suchen dagegen erst einmal nach den eigenen Vor- und Nachteilen, die sich aus den Veränderungsmaßnahmen ergeben könnten. Gegenüber den Vorgesetzten, die den Wandel herbeiführen, äußern sie sich positiv, während sie sich bei den Kollegen eher zurückhalten und skeptisch sind (vgl. Vahs 2001, S. 275f.).

Die Abwartenden und Gleichgültigen sind in Organisationen in der Mehrheit. Sie sind nicht bereit, sich aktiv an den Veränderungsabsichten zu beteiligen oder neue Ideen einzubringen. Diese Personengruppe wartet erst einmal ab, was der Wandel mit sich bringt (vgl. Vahs 2001, S. 276).

Die Untergrundkämpfer und die offenen Gegner gehören zu den aktiven Widerstandsleistenden. Die Untergrundkämpfer gehen verdeckt vor. Sie zeigen ihren Widerstand also nicht offen. Die offenen Gegner dagegen zeigen den Widerstand offen. Diese Gruppe ist davon überzeugt, dass die beabsichtigten Veränderungen falsch sind. Sie sind bereit, sich mit den Initiatoren von Wandel offen auseinander zusetzen und neue Ideen einzubringen (vgl. Vahs 2001, S. 276).

Als letzte Personengruppe nennt Vahs die Emigranten. Sie haben sich entschlossen, den Wandel zu hemmen. Oft verlassen diese Personen die Organisation, weil ihnen keine Perspektiven für die Zukunft in Aussicht gestellt werden (vgl. Vahs 2001, S. 276).

An diesen Typen von Personen und Personengruppen nach Vahs (2001) kann angeknüpft werden, um weitere Erscheinungsformen von Veränderungswiderstand aufzuzeigen. Dabei beziehe ich mich ausschließlich auf den Untergrundkämpfer (vgl. Vahs 2001, S. 275f.) bzw. auf den verdeckten Widerstand, da er von den Initiatoren von Wandel nicht sofort erkannt wird, der aber Veränderungsabsichten blockieren kann.

Typische Anzeichen von verdecktem Widerstand sind nach Doppler, Lauterburg (1999) u.a. endlose Diskussionen über die Ziele des Projektes, über Termine oder über die Vorgehensweise.

- Zusagen werden nicht eingehalten, dadurch wird die Arbeit verzögert.

- Mitarbeiter nörgeln, schimpfen und sind lustlos.
- Es werden völlig unrealisierbare Terminanforderungen gestellt, die die Veränderungsabsichten verzögern.
- Ein weiteres typisches Anzeichen ist die absinkende Leistung. Mitarbeiter halten die eigene Leistung zurück. Sie melden sich krank oder erkranken tatsächlich.
- Betroffene Mitarbeiter lehnen die Vorschläge kategorisch ab und bemühen sich nicht, die Notwendigkeit der Veränderung einzusehen. Ein weiteres Merkmal für Widerstand sind die Gespräche über die Vergangenheit („Früher war alles besser").
- Das Arbeitsklima verschlechtert sich durch bevorstehende Veränderungsmaßnahmen, die Mitarbeiter machen nur noch Dienst nach Vorschrift.
- Um Veränderungsabsichten möglichst in die Ferne zu rücken, werden Schwächen der Veränderung systematisch herausgepickt.
- Hinweise auf Fehler werden verschwiegen, um nachweisen zu können, dass das Projekt unzweckmäßig ist.
(vgl. Doppler, Lauterburg 1999, S. 295)

Unruhe, Intrigen, Gerüchtebildung sind weitere Erscheinungsformen von Widerständen nach Doppler, Lauterburg (1999).
In der folgenden Abbildung sind die genannten Erscheinungsformen beim verdeckten Widerstand zusammenfassend dargestellt.

	verbal (Reden)	non-verbal (Verhalten)
aktiv (Angriff)	Widerspruch	Aufregung
	Gegenargumentation Vorwürfe Drohungen Polemik Sturer Formalismus	Unruhe Streit Intrigen Gerüchte Cliquenbildung
passiv (Flucht)	Ausweichen	Lustlosigkeit
	Schweigen Bagatellisieren Blödeln ins Lächerliche ziehen Unwichtiges debattieren	Unaufmerksamkeit Müdigkeit Fernbleiben innere Emigration Krankheit

Abb.6: Allgemeine Symptome für Widerstand (entnommen aus: Doppler, Lauterburg, 1999, S. 296)

Abschließend kann festgehalten werden, dass der verdeckte Widerstand sehr unterschiedliche Erscheinungsformen haben kann. Aber gerade der verdeckte Widerstand ist für Veränderungsabsichten in Organisationen sehr riskant. Jeder Mitarbeiter hat seine eigene Art, Widerstand verdeckt zu zeigen. Der verdeckte Widerstand ist für eine Organisation deshalb so riskant, da die Reaktionen der Mitarbeiter nicht offensichtlich und somit auch oft nicht erkannt werden. Es ist daher nicht vorhersehbar, inwieweit der Widerstand der Mitarbeiter die Veränderungsabsichten blockiert. Um so wichtiger ist es, dass die Initiatoren von Wandel die Abwehrreaktionen ihrer Mitarbeiter ernst nehmen, um geplante Veränderungen durchzuführen.

Mit diesem Aspekt beschäftige ich mich im nächsten Kapitel, in dem es insbesondere darum geht, wie der Wandel gestaltet werden kann und wie mit Widerständen umgegangen werden sollte.

4. Konzepte zur Minimierung von Veränderungswiderstand

4.1 Den organisatorischen Wandel gestalten

4.1.1 Allgemeine Vorgehensweise der Organisationsgestaltung

Welche Rolle die verbleibenden Mitarbeiter in einem Restrukturierungsprozess haben können, habe ich bereits ausführlich erläutert.

In diesem Kapitel geht es um die Frage, wie der organisatorische Wandel gestaltet werden kann bzw. welche Konzepte es gibt, um den Wandel so zu gestalten, dass der Veränderungswiderstand minimal bleibt oder kanalisiert wird, d.h. dass Hintergründe aufgegriffen und genutzt werden, so dass eine Stabilität in der Organisation gewährleistet werden kann.

Es gibt eine ganze Anzahl von Darstellungen, wie eine Organisationsgestaltung verlaufen kann. Ich beziehe mich auf drei Darstellungen, die sich meiner Ansicht nach ähneln, aber auch ergänzen.[17]

4.1.1.1 DER VERÄNDERUNGSPROZESS NACH OSTERHOLD

Es stellt sich nun die Frage, wie ein Veränderungsprozess generell abläuft. Dabei beziehe ich mich auf die Abbildung eines Veränderungsprozesses von Osterhold:

---

[17] ergänzend kann auch das vereinfachte Modell von Beckhard hinzugefügt werden: Veränderungslandkarte nach: Beckhard 1969/ 1987, ergänzt von Schein 1987, entnommen aus: Fatzer [u.a.] 1999: demnach wird zunächst die Notwendigkeit von Veränderung bestimmt, der gewünschte Zustand wird definiert und gleichzeitig die gegenwärtige Situation beschrieben. In diesem Prozess spielen nach Beckhard kulturelle und gesellschaftliche Ereignisse eine Rolle, da sie den Prozess der Veränderung beeinflussen können. Der Übergang von der Gegenwart zum und Weise ein, wie Wandel gestaltet und durchgesetzt werden kann.

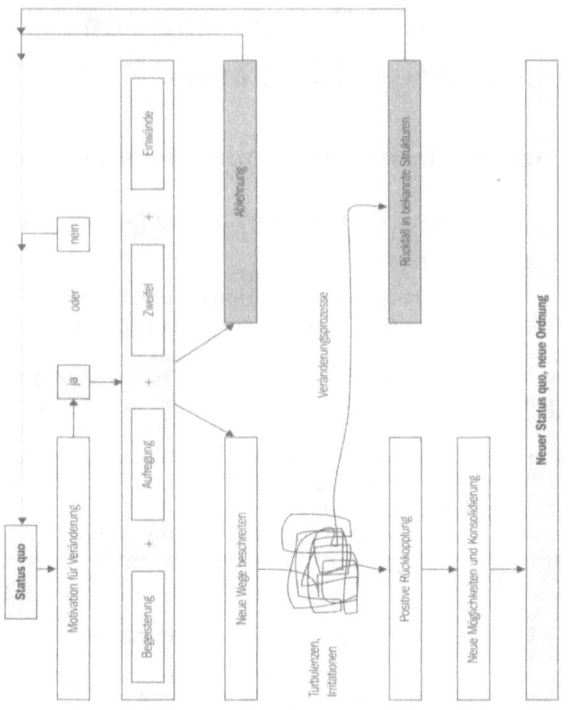

Abb. 7: Der Veränderungsprozess (entnommen aus: Osterhold 2000, S. 58)

Ein Veränderungsprozess läuft nie nach einem vorgegebenen Schema ab, sondern ist immer variabel. Erläutern kann ich deshalb nur den Idealfall, wie ein Prozess des Wandels ablaufen kann.

Nach Osterhold (2000, S. 57ff) muss zu Anfang des Veränderungsprozesses von der Geschäftsleitung überprüft werden, wie groß die Motivation für Veränderung ist. Allein diese Frage ist ein Dilemma, da mit Motivation und Entschlossenheit von Seiten der
Mitarbeiter nur in den seltensten Fällen gerechnet werden kann. Aber das wird kaum ein Mitarbeiter zugeben. Notwendigen Veränderungsabsichten werden somit zunächst nicht widersprochen.

Angemessener ist deshalb zu fragen, zu wie viel Prozent Veränderungswiderstand besteht. Dabei sind sowohl die Bereitschaft als auch Einwände erfasst. Sollten die Einwände größer sein als die Bereitschaft zur Veränderung, dann kann die Geschäftsleitung nur bedingt mit der Veränderung starten. Wenn Mitarbeiter keine Motivation zeigen, bleibt der derzeitige Zustand bestehen. Oft wird von der Geschäftsleitung allerdings entschieden ohne die Antwort der Mitarbeiter abzuwarten und zu überprüfen.

Sollte, im Idealfall, die Motivation für Veränderung überwiegend vorhanden sein, dann treten verschiedene Gefühlszustände bei Mitarbeitern auf, auf die ich bereits ausführlich eingegangen bin (vgl. Kapitel 2.5). Osterhold nennt in diesem Zusammenhang Begeisterung, Aufregung, Zweifel und Einwände.

Sollte bei Mitarbeitern erhebliche Zweifel und Einwände aufkommen, so lehnen sie Veränderungsabsichten ab und wollen den Status Quo erhalten.

Die Mitarbeiter, die für die beabsichtigten Veränderungen zu begeistern sind, zeigen im Idealfall den Mut, neue Wege zu beschreiten. Dabei ist es wichtig, dass die Mitarbeiter erkennen, dass Turbulenzen und Irritationen auftreten können, die aber bei einem Veränderungsprozess normal sind. *„Wer in Abläufen, Strukturen, Hierarchien und Beziehungen Neuerungen einführt und mit eingeschliffenen Traditionen und Verhaltensweisen bricht, sollte diese Turbulenzen als Beweis der neuen, ungewohnten Verfahrens- und Veränderungsweisen begrüßen"*[18] (Osterhold 2000, S. 60). Das fällt Mitarbeitern allerdings oft sehr schwer. Die Gefahr besteht zu diesem Zeitpunkt, dass sie durch den Veränderungsprozess wieder in bekannte Strukturen zurückfallen. In dieser Phase geht es darum, wie die Geschäftsleitung den Wandel gestalten wird, ohne dass Mitarbeiter die Veränderungsabsichten blockieren (vgl. Kapitel 4.1.3).

Wenn diese Phase überschritten ist, d.h. Teilergebnisse reflektiert worden sind, bisherige Ergebnisse als Informationen zur positiven Rückkoppelung genutzt worden sind, Ziele angepasst wurden, Konsequenzen und Alternativen erprobt worden sind, dann kann es zu neuen Möglichkeiten und zur Konsolidierung kommen (vgl. Osterhold 2000, S. 60). Dann ist ein neuer Status quo bzw. eine neue Ordnung erreicht worden.

Dieser Verlauf eines Veränderungsprozesses ist der Idealfall, da während des Prozesses viele unvorhersehbare Probleme auftreten können, wie beispielsweise Veränderungswiderstand von Seiten der Mitarbeiter, der so groß sein kann, dass die Veränderungsabsichten gefährdet werden können. Der Verlauf hängt immer auch von der

---

[18] Kursive Schrift im Original

einzelnen Situation ab, von der Größe der Organisation und der Größe der Veränderungen.

4.1.1.2 Das Modell nach Vahs

Ich beziehe mich nun auf die Erläuterungen von Vahs (2001), die den Verlauf des Prozesses der Organisationsgestaltung sehr ausführlich beschreiben.
Die folgende Abbildung zeigt die einzelnen Phasen und Planungsstufen:

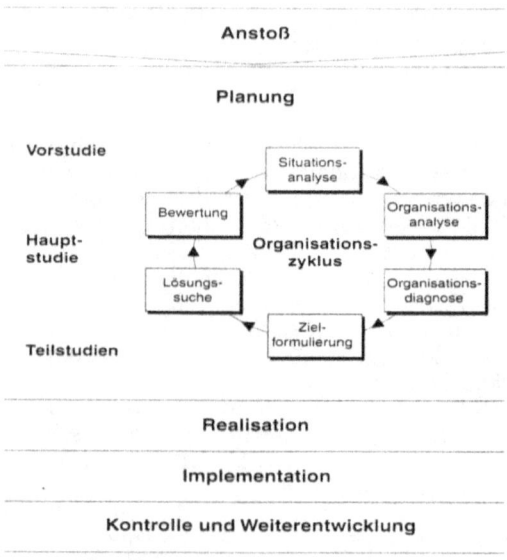

Abb. 8: Vorgehensweise der Organisationsgestaltung (entnommen aus: Vahs 2001, S. 293)

Nach Vahs (2001) ist der erste Abschnitt gekennzeichnet von der Zeitspanne zwischen dem Empfinden eines Problems und dem Entschluss zu einer Problemlösungshandlung (vgl. Vahs 2001, S. 292). Ob tatsächlich ein Anstoß erfolgt, hängt von der Akzeptanz des Problems bei denjenigen Mitarbeitern ab, die befugt sind, Veränderungen herbeizuführen. Nicht jedes Problem führt zwangsläufig auch zu einem Anstoß.

Die zweite Phase bezeichnet Vahs (2001) als Planung. Hier wird sichergestellt, dass über die einzelnen Planungsstufen hinweg eine optimale Lösung für das Problem in einer Organisation gefunden wird. Der Organisationszyklus wird mit einem zunehmenden Detaillierungsgrad durchlaufen (vgl. Vahs 2001, S. 294). Nach jeder Planungsstufe wird dann entschieden, ob das Projekt fortgeführt wird oder nicht. Eine Planungsstufe ist nach Vahs (2001) die Vorstudie. Dabei soll in kurzer Zeit geklärt werden, ob und in welchem Umfang organisatorische Veränderungen durchgeführt werden. Die Vorstudie sollte mit einer Grobstudie beendet werden, in der die generellen Zielsetzungen, alternative Lösungsprinzipien und Rahmenvorgaben für das weitere Vorgehen aufgeführt werden. Diese Grobstudie bildet die Basis für die Hauptstudie (vgl. Vahs 2001, S. 295).

In der Hauptstudie wird das ausgewählte Lösungsprinzip in einem Gesamtkonzept präzisiert. Dabei werden detaillierte Analysen des eingegrenzten Problemfeld erarbeitet, Ziele werden formuliert, alternative Gesamtkonzepte werden erarbeitet und bewertet und es wird über ein weiter zu verfolgendes Gesamtkonzept entschieden. Das Ergebnis der Hauptstudie ist ein Gesamtkonzept, aus dem abgegrenzte Bereiche getrennt in Teilstudien weiterbearbeitet werden können (vgl. Vahs 2001, S. 295).

In der Teilstudie wird das Gesamtkonzept in detaillierten Feinkonzepten präzisiert. Dabei wird das Gesamtkonzept hinsichtlich der Zielsetzungen, der Zweckmäßigkeit überprüft. Alternative Feinkonzepte bzw. Teillösungen werden erarbeitet, die Integration wird sichergestellt und über das weitere Vorgehen entschieden. Das Ergebnis sind Teillösungen, die realisiert und eingeführt werden können (vgl. Vahs 2001, S. 295).

Die einzelnen Phasen des Organisationszyklusses, die bei der Einführung von Wandel eine wichtige Rolle spielen und die dazu beitragen können, dass der Veränderungswiderstand nicht zu groß wird, werden in der folgenden Abbildung beschrieben:

Phase	Aktivitäten
Situationsanalyse	• Systematische Untersuchung und Beschreibung des als problematisch empfundenen Ist-Zustands (Lagebeurteilung, verbesserte Problemsicht) • Identifikation allgemeiner Problemursachen, Einflussgrößen und Zusammenhänge • Ausgrenzung nicht problemrelevanter Bereiche • Sammlung relevanter Informationen für die Zielformulierung und die Lösungssuche
Organisationsanalyse	• Systematische Analyse der internen Strukturen und Abläufe zur Identifikation organisationsspezifischer Problemursachen, Einflussgrößen und Zusammenhänge • Sammlung relevanter Informationen über die interne Situation der Organisation
Organisationsdiagnose	• Identifikation von Stärken und Schwächen der vorhandenen Organisation • Ermittlung kritischer Erfolgsfaktoren • Bewertung des Ist-Zustands der Organisation
Zielformulierung	• Suche nach lösungsneutralen Zielideen sowie Präzisierung der Vorstellungen über den Soll-Zustand in qualitativer und quantitativer Hinsicht • Strukturierung und Operationalisierung der Ziele • Zielgewichtung • Aufstellen eines operationalen, realistischen und widerspruchsfreien Zielsystems (Zielentscheidung)
Lösungssuche	• Festlegung einer Suchstrategie (Rückgriff auf eigene Erfahrungen, Einbindung von externem Know-how, Einsatz von Kreativitätstechniken zur Entdeckung innovativer Lösungen) • Suche nach Lösungsmöglichkeiten • Konkretisierung der als geeignet erscheinenden Problemlösungen • Prüfung der Lösungsvorschläge auf ihre Eignung zur Problemlösung und Erstellung eines Katalogs mit Problemlösungen
Bewertung	• Festlegung einer Bewertungsmethode • Darstellung und Bewertung der Auswirkungen einzelner Lösungsalternativen auf die verfolgten Zielsetzungen • Auswahl der optimalen Lösungsalternative (des am besten geeigneten Organisationskonzeptes)

Abb. 9: Kennzeichnung der Phasen des Organisationszyklusses (entnommen aus: Vahs 2001, S. 296)

Der Organisationszyklus wird in jeder Planungsstufe mindestens einmal durchlaufen.

Die Phasen des Organisationszyklusses sind nicht isoliert zu sehen, sondern sie sind eng miteinander verbunden.

Dieses Phasenkonzept nach Vahs (2001) dient dazu, den Problemlösungsprozess innerhalb der einzelnen Planungsstufen zu systematisieren (Vahs 2001, S. 294).

In der Realisationsphase werden die Voraussetzungen für die Einführung der organisatorischen Lösung geschaffen. Voraussetzungen können neue organisatorische Regeln sein, die Erstellung notwendiger Dokumente wie beispielsweise Organisationspläne, Prozessbeschreibungen etc. (vgl. Vahs 2001, S. 294).

In der Implementationsphase werden die Veränderungen offiziell bekanntgegeben. Die erforderlichen Maßnahmen werden den Mitarbeitern erklärt, um Veränderungswiderstand möglichst gering zu halten. Große und komplexe Veränderungen sollten schrittweise eingeführt werden, um die Mitarbeiter nicht zu überfordern. Erforderliche Veränderungen werden von den Mitarbeitern häufig nicht akzeptiert, da sie an der Planungsphase kaum oder nicht beteiligt gewesen waren (vgl. Vahs 2001, S. 297). Den Aspekt der Beteiligung an Veränderungen durch die Mitarbeiter greife ich in diesem Kapitel später auf.

Die letzte Phase der Organisationsgestaltung bezeichnet Vahs (2001) als Kontrolle und Weiterentwicklung. Die Problemlösung, für die sich die Organisation entschieden hat, wird kontrolliert. Dabei wird überprüft, ob die verfolgten Ziele auch tatsächlich erreicht worden sind. Weiterhin sollte regelmäßig die Effizienz der Organisation überprüft werden, um eventuell Verbesserungsmaßnahmen einzuleiten, damit sich die Organisation weiterentwickeln kann (vgl. Vahs 2001, S. 297).

Dieser Prozess der Organisationsgestaltung kann von dem Idealfall, den ich hier beschrieben habe, abweichen. Dies ist abhängig von dem konkreten Einzelfall.

4.1.1.3 DEN WANDEL GESTALTEN NACH DEN ÜBERLEGUNGEN VON DOPPLER UND LAUTERBURG

Die Überlegungen von Vahs (2001), in welcher Vorgehensweise der Wandel gestaltet werden kann, ergänze ich durch die Ausführungen von Doppler, Lauterburg (1999).[19] Dabei knüpfe ich an die Phase der Planung nach Vahs (2001) an.

In der Situationsanalyse nach Vahs (2001) fangen die ersten Überlegungen an, d.h. es wird zunächst überlegt, was verändert werden muss und ob eventuell Unterstützung von einem Berater benötigt wird (vgl. Doppler/ Lauterburg 1999, S. 101).

Nach Doppler/Lauterburg ist der nächste Schritt der gezielten Sondierung notwendig. Dabei handelt es sich zunächst nur um eine Voruntersuchung. Entscheidend dabei ist, dass alle Mitarbeiter für das Thema berücksichtigt werden (vgl. Doppler/ Lauterburg 1999, S. 102).

Dabei wird also das Personal ausgesucht, die in den Wandel mit einbezogen werden. Die gezielten Sondierungen nach Doppler, Lauterburg kann der Phase der Organisationsanalyse nach Vahs (2001) zugeordnet werden. Dazu gehört auch das Schaffen der Projektunterlagen nach Doppler/ Lauterburg.

Nachdem erste Überlegungen und Sondierungen stattgefunden haben, geht es darum, eine erste Projektkonzeption zu erstellen (vgl. Doppler/ Lauterburg 1999, S. 103). Die einzelnen Punkte, die dabei

---

[19] vgl. auch die Ausführungen von Gairing (1999, S. 108ff.) zu dem Modell von Doppler/ Lauterburg

wichtig sind, müssen sorgfältig diskutiert werden, damit alle Beteiligten das gleiche darunter verstehen. Auch ist die Information und Kommunikation über das anstehende Projekt wichtig (vgl. Doppler/ Lauterburg 1999, S. 104).

Es ist eine Datenerhebung erforderlich, um danach eine Diagnose stellen zu können (vgl. Doppler/ Lauterburg 1999, S. 104f.). Das kann in Form eines Fragebogens oder eines Interviews geschehen. Die Fragen müssen so ausgerichtet sein, dass die Initiatoren von Wandel Anhaltspunkte über die Befindlichkeit und die Einstellungen der Mitarbeiter bekommen. Deshalb ist es notwendig, die Mitarbeiter nach den Strukturen der Organisation, z.b. Führungssysteme, und nach dem Verhalten in der Organisation, z.b. Motivation, Arbeitsklima, Informationsfluss, Zusammenarbeit, zu fragen. Weiterhin ist es sinnvoll, nach der Führungs- bzw. Unternehmenskultur, z.b. Gesetze und Spielregeln, Formen der Kommunikation und Kooperation, Leitbilder, zu fragen (vgl. Doppler/ Lauterburg 1999, S. 196). Es ist besonders wichtig, nicht nur nach Schwachstellen der Organisation, sondern auch nach den Stärken zu fragen.[20]

Der Organisationsdiagnose nach Vahs (2001) kann der Diagnose und der Kraftfeldanalyse nach Doppler/ Lauterburg (1999) zugeordnet werden. „Organisationsdiagnose bedeutet ... *geplantes und systematisches Vorgehen, um Informationen über den inneren Zustand der Organisation zu gewinnen*"[21] (Doppler/ Lauterburg 1999, S. 193).

Die Ist-Situation der Organisation muss also überprüft werden anhand der Befragung der Mitarbeiter, die zuvor ausgeführt wurde. Dabei geht es um die Ursachen der Defizite, die Notwendigkeit von Veränderungen und um Konsequenzen, die sich aus den Veränderungen ergeben können (vgl. Doppler/ Lauterburg 1999,S. 104f.). Um eine Organisationsdiagnose erfolgreich zum Abschluss zu bringen, muss die Bereitschaft der Initiatoren von Wandel vorhanden sein, offen über die Ergebnisse zu informieren und der Wille, diese Ergebnisse in konkrete Maßnahmen umzusetzen (vgl. Doppler/Lauterburg 1999, S. 212).

Nach Doppler/ Lauterburg (1999) folgt nun die Phase der Konzeptentwicklung und Maßnahmenplanung. Es werden Ansätze zu neuen Lösungen gesucht und entwickelt, die sich allerdings zu einem großen Teil aus der Befragung ergeben. Eine mögliche Realisierung wird geplant (vgl. Doppler/ Lauterburg 1999, S. 107). Dieser Phase können auch Pilotprojekte zugeordnet werden. Es werden offene Experimente eingeführt. Die jeweilige Lösung, für

---

[20] vgl. auch Schanz 1982, S. 359
[21] kursive Schrift im Original

die sich die Initiatoren von Wandel entschieden haben, muss in der Praxis schrittweise optimiert werden (vgl. Doppler/ Lauterburg 1999, S. 108).
Die Entscheidung ist nach Doppler/ Lauterburg die letzte Phase in der Planungsphase (Vahs 2001). Hier wird die Entscheidung für ein bestimmtes Konzept getroffen.
Nach Doppler und Lauterburg spielt die Umsetzungsbegleitung eine wichtige Rolle. Sie kann der Phase Kontrolle und Weiterentwicklung nach Vahs (2001) zugeordnet werden. Nach der eigentlichen Gestaltung des Wandels bzw. nach der Umsetzung ist eine Begleitung, Ermutigung und Unterstützung vor Ort notwendig (vgl. Doppler/ Lauterburg 1999, S. 109), um Widerstände zu kanalisieren und um den Wandel in eine bestimmte Richtung mit einem bestimmten Ziel aufrechtzuerhalten.

4.1.1.4 Bewertung der einzelnen Modelle

Meiner Meinung nach ist das Konzept nach Vahs (2001), wie bei einer Organisationsgestaltung vorgegangen werden kann, sehr gelungen. Nicht nur die graphische Darstellungen dieses Prozesses (vgl. Vahs 2001, S. 293), sondern auch die Beschreibung der einzelnen Phasen der Planung (vgl. Vahs 2001, S. 296) ist sehr ausführlich dargestellt. Deshalb habe ich dieses Modell zur Grundlage genommen, um es im nächsten Kapitel auf den Fall der Restrukturierung zu übertragen und um das Modell von Doppler/ Lauterburg (1999), Osterhold (2000) und von Beckhard, auf das ich lediglich in der Fußnote 17 aufmerksam gemacht habe (entnommen aus Fatzer [u.a.] 1999), vorzustellen. Das Modell von Osterhold (2000) zeigt in vereinfachter Weise den Verlauf eines Veränderungsprozesses, bezieht vor allem die Emotionen der Mitarbeiter und die Konsequenzen mit ein, die bei Veränderungen auftreten können. Das Modell von Doppler/ Lauterburg (1999) gleicht dem Modell von Vahs (2001). Die einzelnen Phasen können auf das Modell von Vahs übertragen werden. Das Modell von Doppler/ Lauterburg kann das Modell von Vahs ergänzen bzw. erweitern.

Vahs (2001) beschreibt die letzte Phase als Kontrolle und Weiterentwicklung, Doppler/ Lauterburg (1999) als Umsetzungsbegleitung, was Beckhard (vgl. Fußnote 17) außer Acht gelassen hat. Er beschreibt nicht den weiteren Vorgang des Prozesses. Trotz dieser Kritik eignet sich die Darstellung von Beckhard, um einen kurzen Überblick über den Prozess der Gestaltung von Wandel zu bekommen.

Alle Modelle, die ich aufgezeigt habe, können auf den Fall der Restrukturierung, auf den ich mich in meiner Arbeit im wesentlichen beziehe, übertragen werden. Ich habe mich in diesem Zusammenhang auf das Modell von Vahs (2001) gestützt, da es, wie bereits erwähnt, sehr ausführlich und detailliert dargestellt wurde. [22]

4.1.1.5 Anwendungsversuche der Modelle auf den konkreten Fall der Restrukturierung

Die Vorgehensweise der Organisationsgestaltung nach Vahs (2001), Osterhold (2000) und Doppler/ Lauterburg (1999), die eher allgemein beschrieben wurde, kann auf den konkreten Fall der Restrukturierung übertragen werden. Dabei beziehe ich die Ausführungen von Osterhold (2000) und die von Doppler/ Lauterburg (1999), die bei Vahs (2001) teilweise mit einfließen, nicht zusätzlich mit ein.

Wie bereits beschrieben (Kapitel 2.2) finden Restrukturierungsmaßnahmen meist nur dann statt, wenn sich Organisationen in einer Krise befinden. Nach Vahs (2001) kann der Anstoß nur dann stattfinden, wenn sich sowohl die Mitarbeiter als auch die Führungskräfte mit der Problematik der Organisation vertraut machen und sie akzeptieren. Wenn ein Projektauftrag erteilt wurde, beispielsweise wie die Organisation wieder wettbewerbsfähig werden kann, dann folgt die Planungsphase. Hier wird beispielsweise die derzeitige Situation der Organisation analysiert, es wird eine Diagnose erstellt, d.h. Stärken und Schwächen der Organisation werden ermittelt, der Ist-Zustand wird bewertet (vgl. Vahs 2001, S. 296).

Außerdem wird in der Planungsphase das Ziel der Restrukturierung formuliert und nach eventuellen Lösungsvorschlägen, beispielsweise wie die Organisation konkurrenzfähig wird, welche Maßnahmen erforderlich sind, z.B. Mehrarbeit, Personalabbau, sonstige Einsparungen in den freiwilligen sozialen Leistungen gesucht. Nach dieser Phase folgt die Realisationsphase. Dort werden neue Regeln festgelegt, z.B. andere strukturelle Abläufe, neue Regeln hinsichtlich der besseren Information und Kommunikation. Neue Software wird ausprobiert, Stellenbeschreibungen und Organisationspläne werden verfasst.

Diese Aspekte können die Voraussetzungen für die Einführung von Veränderung sein. In der Implementationsphase nach Vahs (2001) werden die Veränderungen von den Initiatoren von Wandel offiziell bekanntgegeben und schrittweise eingeführt. In dieser Phase ist es am wahrscheinlichsten, dass Veränderungswiderstand auftreten wird.

---

[22] Ein weiteres Modell, wie der Wandel gestaltet werden kann, beschreibt Kurt Lewin (Auftauen-Ändern-Wiedereinfrieren), 1947 in: Schanz 1982, S. 347ff.

In der Phase der Kontrolle und Weiterentwicklung wird überprüft, ob durch die Maßnahmen, wie beispielsweise das Rationalisieren von Personal, das Ziel der gesteigerten Wettbewerbsfähigkeit und Effizienz erreicht wurde. Der Prozess der Veränderungen muss ständig vor Ort begleitet werden (vgl. Vahs 2001, S. 297).[23]

Nachdem ich die allgemeine Vorgehensweise der Organisationsgestaltung dargestellt habe, möchte ich nun auf die Prinzipien eingehen, die dazu beitragen können, die Umsetzung der Maßnahmen, auf die sich die Initiatoren von Wandel geeinigt haben, in der Organisation zu sichern.

4.1.2 Prinzipien zur Realisierung

Doppler/ Lauterburg (1999) beziehen sich neben der Darstellung von Vorgehensweisen im Veränderungsprozess auch auf die Umsetzung von Veränderungen (Doppler/ Lauterburg 1999, S. 151ff.). „Die Kunst der Fuge besteht nicht darin, Konzeptvorlagen zu entwerfen und zu verabschieden, sondern darin, diese in die Praxis umzusetzen" (Doppler/ Lauterburg 1999, S. 151). Dabei nennen sie acht Prinzipien, die die spätere Umsetzung sichern sollen:

---

[23] vergleiche auch die Ausführungen von Doppler/ Lauterburg (1999) S. 109f.

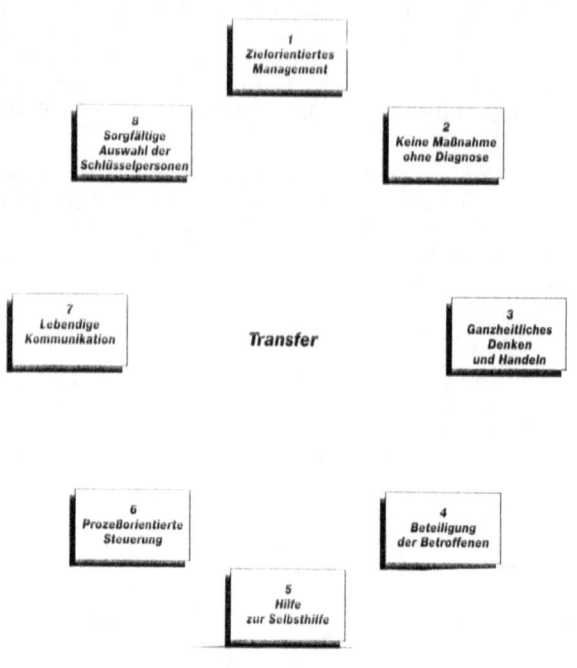

Abb. 10: Charta des Managements von Veränderungen (entnommen aus: Doppler/ Lauterburg 1999, S. 152)

Im Folgenden erläutere ich die einzelnen Grundsätze, die zur Realisierung von Veränderungen beitragen und durch die Veränderungswiderstand bei der Durchsetzung von Restrukturierungsmaßnahmen möglichst gering bleibt.

Der erste Grundsatz ist das zielorientierte Management. „*Ein Projekt, das brauchbare Ergebnisse zeitigen soll, muß zielorientiert geführt werden*" [24](Doppler/ Lauterburg 1999, S. 153). Doppler/ Lauterburg betonen die Notwendigkeit einer zielgerichteten Führung, die Partizipation erst möglich mache (vgl. Doppler/ Lauterburg 1999, S. 153). Auf den Aspekt der Führung gehe ich zu einem späteren Zeitpunkt ausführlicher ein.

---

[24] Kursive Schrift im Original

Beim zweiten Grundsatz betonen Doppler und Lauterburg, dass keine Maßnahme ohne Diagnose stattfinden soll. Sie betonen die sorgfältige Lagebeurteilung am Anfang jeder Veränderung. Dabei ist es wichtig, die Ist-Situation zu analysieren und den Soll-Zustand konkret zu beschreiben (vgl. Doppler/ Lauterburg 1999, S. 155). Wie bereits beschrieben, ist eine Befragung der Mitarbeiter wichtig, um die Ist-Situation zu erfassen (vgl. Doppler/ Lauterburg 1999, S. 155f. und Osterhold 2000, S. 122ff.).

Das ganzheitliche Denken und Handeln ist der dritte Grundsatz nach Doppler und Lauterburg. Sie verstehen darunter nicht nur technische, ökonomische und strukturelle Aspekte, sondern auch menschliche und zwischenmenschliche Aspekte. Es gibt drei Gesichtspunkte bei der Betrachtung einer Organisation:

- Strukturen: Ablauforganisation, Aufbauorganisation[25], Führungssysteme
- Verhalten: Motivation und Identifikation, Kommunikation und Kooperation
- Kultur: geschriebene und ungeschriebene Gesetze und Spielregeln, Belohnungs- und Sanktionsprinzipien
  (vgl. Doppler/ Lauterburg 1999, S. 157)

Weiterhin ist unter ganzheitlichem Denken und Handeln die Beachtung von wichtigen Vernetzungen zu verstehen. Dabei kommt es insbesondere auf die zwischenmenschlichen Aspekte an. In der Praxis entstehen zwischen den Individuen und Gruppen dynamische Wechselwirkungen (vgl. Doppler/ Lauterburg 1999, S. 157).

Der vierte Grundsatz ist die Beteiligung der Betroffenen. Dieser Aspekt ist meiner Meinung nach sehr wichtig, um Veränderungswiderstand möglichst gering zu halten oder sogar zu überwinden. Der Aspekt der Partizipation greife ich später noch einmal auf (vgl. S. 75ff.). Nach Doppler und Lauterburg (1999) gibt es drei Gründe für die Beteiligung der betroffenen Mitarbeiter:

→ Bessere Entscheidungen – praxisgerechtere Lösungen
  Die direkt Betroffenen kennen die Details und wissen, wie eine praxisgerechte Lösung aussehen muss.

→ Erzeugen von Motivation
  Wer an der Erarbeitung von Lösungen direkt beteiligt ist, engagiert sich persönlich für die Umsetzung.

→ Identifikation mit dem Unternehmen

---

[25] weiterführende Informationen über Ablauf- und Aufbauorganisationen in : Wittlage: Unternehmensorganisation, 6. Auflage, Herne/ Berlin 1998, S. 27ff.

Wer aktiv in Entscheidungen und Projekte miteinbezogen ist, fühlt sich ernstgenommen und identifiziert sich mit seiner Organisation.
(vgl. Doppler/ Lauterburg 1999, S. 158)

Der fünfte Grundsatz nach Doppler und Lauterburg heißt Hilfe zur Selbsthilfe. Es gibt immer Situationen in einem Veränderungsprozess, in denen die Arbeit eines Teams blockiert wird. Die Mitglieder sind oft nicht mehr in der Lage, das Problem selbst zu lösen. Aufgabe des Managements ist, Unterstützung bereitzustellen und das Team so schnell wie möglich wieder selbständig handlungsfähig zu machen (vgl. Doppler/ Lauterburg 1999, S. 159ff.).

Prozessorientierte Steuerung ist der sechste Grundsatz nach Doppler und Lauterburg. In einem Veränderungsprozess ist es nicht möglich, alle Entwicklungen vorherzusehen. Deshalb ist es notwendig, dass die Initiatoren von Wandel immer am Geschehen beteiligt sind, um je nach Situation steuernd einzugreifen. Die prozessorientierte Steuerung setzt voraus, dass mit den Mitarbeitern vor Ort geredet wird (Prozeß-Analyse), dass Widerstände thematisiert und Konflikte offen gelegt und bearbeitet werden (Bearbeitung von Widerständen) und dass die Feinplanung flexibel gehandhabt wird (Rollende Planung) (vgl. Doppler/ Lauterburg 1999, S. 163). Dies kann dazu führen, dass der Veränderungswiderstand bei Restrukturierungsmaßnahmen gering bleibt.

Den siebten Grundsatz, den Doppler/ Lauterburg erst später hinzugefügt haben[26], ist die lebendige Kommunikation. Die Grundlage für Führungskräfte, die Überzeugungsarbeit bei der Vorbereitung und Durchführung von Veränderungen leisten müssen, ist Kommunikation (vgl. Doppler/ Lauterburg 1999, S. 168). Ich gehe an dieser Stelle nicht näher auf die Kommunikation ein. Im späteren Verlauf dieser Arbeit beschreibe ich den Aspekt der Kommunikation und ihre Bedeutung in einem Veränderungsprozess ausführlich.

Der letzte Grundsatz bezieht sich auf die sorgfältige Auswahl der Schlüsselpersonen. Im Vorfeld muss geklärt werden, wo potentielle Verbündete, Mitarbeiter, die für die Idee gewonnen werden müssen und Mitarbeiter, die einen Veränderungsprozess leiten können, sind. Die letzte Frage wird nach Doppler/ Lauterburg zu selten gestellt. Deshalb legen sie folgende Kriterien für Personen, die den Wandel koordinieren sollen, fest: sie sollten offen und ehrlich mit den Mitarbeitern umgehen, im Team arbeiten können, zuhören können, Mut zu Entscheidungen haben und eine hohe Akzeptanz bei Mitarbeitern und Führungskräften aufweisen können (vgl. Doppler/ Lauterburg 1999, S. 164ff.).

---

[26] 1994 gab es nach Doppler/ Lauterburg nur 7 Grundsätze

Meiner Meinung nach gehen Doppler und Lauterburg ausführlich auf den Transfer der Konzepte, die zuvor erarbeitet wurden, ein. Was mir bei der Erarbeitung des Modells der acht Prinzipien auffiel, ist, dass der siebte und achte Grundsatz in der Beschreibung vertauscht wurde. Ich habe mich deshalb hinsichtlich der Reihenfolge an die Abbildung gehalten.

Nachdem ich zunächst auf die allgemeine Vorgehensweise der Organisationsgestaltung und dann auf die einzelnen Prinzipien zur Realisierung, um Veränderungswiderstand möglichst gering zu halten, eingegangen bin, beschreibe ich nun grundsätzliche Aspekte, die bei der Gestaltung von Wandel dazu beitragen können, dass das Ziel, Veränderungswiderstand zu minimieren, erfüllt werden kann.[27]

4.1.3 Gestalterische Aspekte zur Reduzierung von Veränderungswiderstand

4.1.3.1 PROJEKTMANAGEMENT

Jede Veränderungsmaßnahme ist ein Projekt. Solch ein Projekt soll so gestaltet werden, dass mit wenig Widerstand von Seiten der Mitarbeiter zu rechnen ist.

Dabei kommt es nicht nur auf das Ziel an, sondern der Weg dorthin ist ebenso wichtig (vgl. Osterhold 2000, S. 114).

Es gibt viele Gründe, warum ein Projekt, in diesem Fall eine Restrukturierungsmaßnahme, scheitern kann. Beispiele sind dafür eine falsche Aufgabenstellung, zu große Unterschiedlichkeit in der Gruppe etc. (vgl. Osterhold 2000, S. 114). Deshalb sind folgende Aspekt beim Projektmanagement von entscheidender Bedeutung.[28]

Von Anfang an ist eine Aufgaben- und Rollenverteilung erforderlich (vgl. Doppler/ Lauterburg 1999, S. 287).[29] Für die einzelnen Mitarbeiter, die an der Veränderung beteiligt sind, müssen diese Strukturen klar ersichtlich sein. Wichtig ist dabei auch, das Projekt zu definieren und abzugrenzen (vgl. Osterhold 2000, S. 116).

Je nach Komplexität der Aufgabenstellung werden sie von einer einzigen Projektgruppe oder in mehreren Teams unter der Regie einer Steuergruppe bearbeitet (vgl. Doppler/ Lauterburg 1999, S. 287). Wenn die Aufgabenstellung sachlich überschaubar ist, empfiehlt sich die Projektgruppe mit fünf bis sieben Mitgliedern. Ist die

---

[27] weiterführende Literatur zur Organisationsgestaltung und zu verschiedenen Arten von Organisationen bei Wittlage 1998, S. 5ff.
[28] vgl. auch Heeg/ Dohm 1994, S. 191ff.
[29] siehe auch Osterhold 2000, S. 117

Gruppe zu klein, besteht die Gefahr einer zu geringen Ideenvielfalt. Wenn die Gruppe zu groß ist, benötigt sie zuviel Energie zur Steuerung ihrer internen Gruppendynamik (vgl. Doppler/ Lauterburg 1999, S. 287). Ist die Aufgabenstellung komplexer und zeitaufwendiger, so ist es sinnvoller, mehrere Gruppen unter der Regie einer Steuergruppe zu beschäftigen. Die Mitglieder der Steuergruppe müssen eine hohe Sozial- und Prozesskompetenz aufweisen können (vgl. Doppler/ Lauterburg 1999, S. 287).

Um ein Projekt, beispielsweise eine Restrukturierungsmaßnahme, in die Praxis umzusetzen, ist eine Kraftfeldanalyse sinnvoll. Mit Hilfe der Kraftfeldanalyse kann die Ausgangssituation eines Projektes bestimmt werden, um sich mögliche Widerstände vor Augen zu führen. Es gibt dabei Pro- und Kontrakräfte, die mit Hilfe der Kraftfeldbestimmung erfasst werden können (vgl. Doppler/ Lauterburg 1999, S. 105f./ S. 289).

Zusammenfassend kann festgehalten werden, dass Veränderungswiderstand minimiert werden kann, wenn das Projekt von Anfang an gut durchdacht wurde und mögliche Kontrakräfte mit berücksichtigt wurden. Die folgende Abbildung zeigt abschließend die wichtigsten Voraussetzungen für ein erfolgreiches Projektmanagements.

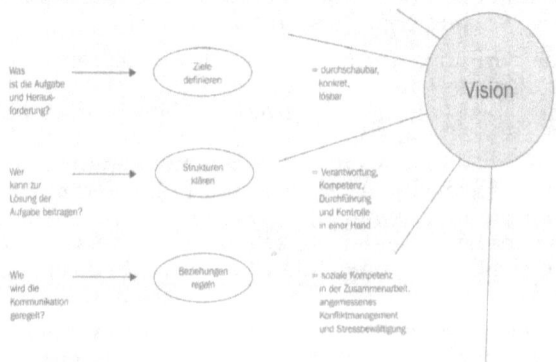

Abb. 11: Voraussetzung für ein erfolgreiches Projektmanagement (entnommen aus: Osterhold 2000, S. 121)

4.1.3.2 Führung

Führung ist ein Aspekt, der dazu beitragen kann, ob und wie stark Veränderungswiderstand auftreten kann. Das hängt im wesentlichen davon ab, welche Kompetenzen die Führungskraft hat, um Mitarbeiter in den Veränderungsprozess zu integrieren, sie für die Ideen zu gewinnen und somit Veränderungswiderstand abzubauen.

Führung befindet sich aufgrund der neuen Herausforderungen an die Führungskräfte im Wandel. Dabei geht es um ein neues Rollenverständnis und um neue Kompetenzen (vgl. Doppler/ Lauterburg 1999, S. 111), die ich im folgenden erörtere.

Die Führungskraft muss unterschiedliche Fähigkeiten haben.

Eine Fähigkeit ist die Koordination, d.h. Führen heißt in diesem Zusammenhang das Stellen von Aufgaben, das Regeln von Zuständigkeiten und Verantwortungen und das Schaffen von Freiräumen, die Handeln erlauben (vgl. Osterhold 2000, S. 136).

Eine weitere Führungsfähigkeit nach Osterhold (2000) ist, Innovationen zu fördern. Dabei muss die Freude an der Arbeit und die Eigenverantwortung gefördert werden, Führungskräfte müssen eine Vorbildfunktion einnehmen und glaubwürdig handeln, damit Mitarbeiter Vertrauen schöpfen (vgl. Osterhold 2000, S. 137ff.). An diesem Punkt gehe ich auf Doppler/ Lauterburg (1999) ein, die auf den Aspekt des Vertrauens eingehen. Die Grundlage für Kooperation und Delegation ist Vertrauen (vgl. Doppler/ Lauterburg 1999, S. 123).

Nach Osterhold (2000) ist die Fähigkeit, Prozesse zu gestalten auch Aufgabe von Führungskräften. Dabei muss die Führungskraft das ganzheitliche Denken und Handeln einführen, das ich bereits beschrieben habe (vgl. S. 55), Prozessbeteiligte mit einbeziehen und Ziele definieren. In diesem Zusammenhang gehe ich auf das Führen durch Zielvereinbarung ein (Management by Objectives, vgl. Doppler/ Lauterburg 1999, S. 213). Ziele haben einen bestimmten Sinn. Sie motivieren Mitarbeiter, sie helfen gegen Müdigkeit und Mutlosigkeit (vgl. Doppler/ Lauterburg 1999, S 214). Ziele zu setzen, entweder sich selbst oder anderen, bedeutet, ein angestrebtes Resultat zu definieren. Der Weg ist noch nicht entscheidend. Ein Ziel gibt eine Orientierung und eröffnet neue Handlungsfelder. Mitarbeiter werden somit gezwungen, über die Ausrichtung des eigenen Handelns nachzudenken. Die Orientierung an Zielen ist die Grundvoraussetzung für Selbstorganisation und Selbststeuerung (vgl. Doppler/ Lauterburg 1999, S 214). In diesem Zusammenhang greife ich die wichtigsten Grundsätze für das Führen durch Zielvereinbarung auf (vgl. Doppler/ Lauterburg 1999, S. 220ff.):

Ziele müssen hoch gesteckt, aber realistisch und erreichbar sein.
Klare Beschreibung des zu erreichenden Zustandes.
Die Zielerreichung messbar bzw. überprüfbar machen.
Handlungsspielraum und Grenzen definieren.
Zeit planen.
Ein Ziel muss kompatibel sein mit anderen Zielen.
Vernetzungen sicherstellen.
Aufwand abschätzen.
Zielcontrolling.
Prioritäten nach Wichtigkeiten und Dringlichkeit beurteilen.

Diese Grundsätze erläutere ich im Einzelnen nicht näher, da sie klar und eindeutig zu verstehen sind.

Nach Osterhold (2000) ist die Fähigkeit, Kooperation zu fördern, eine weitere Aufgabe von Führungskräften. Sie müssen in der Lage sein, Kräfte auszubalancieren, die das Gleichgewicht in dynamischen Netzwerken immer wieder herstellt. Das kann im Gespräch und im Kontakt zu den Mitarbeitern erfolgen.

Zeit zum Gespräch zur Verfügung zu stellen und den Austausch zu fördern und zu unterstützen, ist nach Osterhold demnach eine weitere Führungsaufgabe (vgl. Osterhold 2000, S. 139f.).

Eine Führungskraft muss nach Osterhold Stress und Konflikte managen können, d.h. sie muss das Problem herausfinden, nach Lösungen suchen, Vorbild sein und Kompromisse suchen. In diesem Zusammenhang ergänze ich diese Ausführungen durch Doppler/ Lauterburg (1999): „Die Fähigkeit, den Dingen auf den Grund zu gehen, alte Erfahrungen und tiefverwurzelte Überzeugungen gegebenenfalls als Lernhindernisse und Barrieren für die zukünftige Entwicklung in einem harten, aber fairen Dialog offenzulegen, und die Fähigkeit, `verfeindete` Parteien in sinnvollen Schritten aus der Blockade in die Kooperation zu führen (...)" (Doppler/ Lauterburg 1999, S. 125). Das ist eine der wichtigsten Aufgaben einer Führungskraft.

Eine Harmonie der Gegensätze zu erreichen, ist nach Osterhold (2000) die Aufgabe des gesamten Managements. Führungsaufgaben sind demnach, ein Gleichgewicht der Ressourcen herzustellen, Herausforderungen zu gewährleisten, die Kräfte auf ein gemeinsames Ziel ausrichten und Werte schaffen (vgl. Osterhold 2000, S. 142). Das Management muss sich mit den Mitarbeitern auf ein Ziel konzentrieren und die Führungskräfte müssen selbst hinter diesen Zielen stehen und sie unterstützen.

Das ist auch die nächste und letzte Führungsfähigkeit, die Osterhold erwähnt. Wichtig, um für seine eigene Überzeugung einzustehen, ist das Bewusstsein über das eigene Denken, Fühlen und Handeln, Risikobereitschaft und Ausdauer (vgl. Osterhold 2000, S. 143).[30]

Wenn Führungskräfte in der Lage sind und die entsprechenden Kompetenzen aufweisen, um die Herausforderungen, die ich nun dargestellt habe, anzunehmen, besteht die Möglichkeit, Veränderungswiderstand zu minimieren. Die Führungskraft, die gleichzeitig auch Initiator von Wandel ist, spielt gerade in der Restrukturierung eine große Rolle. Die betroffenen Mitarbeiter sind misstrauisch und haben das Vertrauen an das Management zunächst verloren. Aufgabe der Führung ist es, Vertrauen zu schaffen, die neuen Ideen an die Mitarbeiter heranzutragen und sie von der Notwendigkeit zu überzeugen. Ganz besonders wichtig dabei ist meiner Meinung nach, dass die Führungskräfte auf die Interessen und Einwände der Mitarbeiter eingehen, sie ernst nehmen und in ihren weiteren Entscheidungen mit berücksichtigen.

4.1.3.3 Konfliktmanagement

Konflikte sind normal und alltäglich (vgl. Osterhold 2000, S. 104 / Doppler/ Lauterberg 1999, S. 369f.). Oft werden Konflikte negativ bewertet. Sinnvolles Konfliktmanagement heißt, „Konflikte neu zu bewerten und ihr Auftreten nicht als Störung zu begreifen, sondern als Prozess im Aushandeln von Unterschieden" (Osterhold 2000, S. 104).

Grundvoraussetzung für eine Konfliktregulierung ist die Herstellung einer direkten Kommunikation (vgl. Doppler/ Lauterberg 1999, S. 373). Den meiner Meinung sehr wichtigen Aspekt der Kommunikation erläutere ich zu einem späteren Zeitpunkt ausführlich.

Eine weitere Grundvoraussetzung ist das Kontrollieren des Dialoges. Diese Kontrolle kann nur von einer dritten, unabhängigen Person übernommen werden, um keinen weiteren Konflikt auszulösen (vgl. Doppler/ Lauterburg 1999, S. 373).

Nach Doppler und Lauterburg müssen Emotionen offengelegt werden. Nur wenn die enttäuschten Gefühle und Erwartungen offen ausgesprochen werden, kann der Druck der Emotionen gesenkt werden und der Konflikt erreicht seinen Ursprung (vgl. Doppler/ Lauterburg 1999, S. 373).

Wichtig bei der Konfliktregulierung ist die Bewältigung der Vergangenheit. Vergangene Gefühle, Ereignisse müssen ebenfalls offen gelegt werden, um zu zeigen, was bei Mitarbeiter Frustra-

---

[30] weitere Führungsaufgaben in: Sandler/ Karabasz/ von Berg 1995, S. 143ff.

tionen oder Wut auslöst und warum. Nur dann hat der andere Partner die Möglichkeit herauszufinden, welchen Anteil er selbst an dem jeweiligen Konflikt hat (vgl. Doppler/ Lauterburg 1999, S. 373f.).

Als letzten Punkt erwähnen Doppler und Lauterburg das Aushandeln beiderseits tragbarer Lösung zur Konfliktregulierung. Es muss eine dauerhafte Lösung erarbeitet werden, die die Interessen beider Parteien berücksichtigt. Wichtig dabei ist das partnerschaftliche Aushandeln einer Lösung. Zusammenarbeit ist wichtig bei der Konfliktverarbeitung (vgl. Doppler/ Lauterburg 1999, S. 374f.).

Ein Phasenmodell der Konfliktregulierung

Doppler und Lauterburg (1999, S. 375ff.) haben ein Phasenmodell zur Konfliktregulierung entwickelt, das meiner Meinung nach die wichtigsten Schritte zur Konfliktbearbeitung aufzeigt. Dieses Phasenmodell geht von den oben genannten Voraussetzungen aus und gliedert sich in sechs Phasen, die aufeinander aufbauen.

Die erste Phase beschreiben Doppler und Lauterburg als Vorbereitung. Hier versucht eine dritte Person, die ich hier als Moderation benenne, eine Verbindung zwischen beiden Parteien herzustellen. Diese Person möchte die Hintergründe der Konflikte verstehen und die Voraussetzungen für direkte Gespräche schaffen.

In der zweiten Phase sind die zerstrittenen Parteien wieder bereit, miteinander in Kontakt zu gehen. Das Klima ist allerdings sehr angespannt. Die Moderation eröffnet bestimmte Dinge, die zu Konflikten geführt haben und benennt sie nochmals klar.

In der dritten Phase geht es darum, dass beide Parteien offen über ihre Sicht der Dinge sprechen. Sie werden jeweils mit den Aussagen des anderen konfrontiert. Dies sollte nach Doppler und Lauterburg nach einer konkreten Struktur erfolgen, d.h. beide Parteien haben die Möglichkeit, ihre Meinung nacheinander darzulegen.

In der vierten Phase beschreiben Doppler und Lauterburg die Auswertung der Konfrontation. Die Ergebnisse müssen gemeinsam erörtert werden. In dieser Phase besteht die Möglichkeit, dass Aggressionen und Misstrauen abgebaut werden können. Die Schuldfrage soll nicht mehr vorrangiges Ziel beider Parteien sein, sondern das wesentliche Ziel ist, von ihr wegzukommen.

Die fünfte Phase bezeichnen Doppler und Lauterburg als Verhandlung. Das Anliegen, die Interessen und die emotionalen Bedürfnisse sollen in dieser Phase geklärt werden. Die Lösung muss für beide Parteien tragbar sein, auch wenn die Lösung für beide ein Kompromiss sein wird. Neben der Suche nach einer Lösung müssen Regeln für den täglichen Umgang miteinander festgelegt werden.

In der sechsten Phase wird man erkennen, ob die gefundene Lösung alltagstauglich ist. Nach der anfänglichen Euphorie können neue Probleme auftauchen, die aber mit Hilfe der festgelegten Regeln gemeistert werden müssen (vgl. Doppler/ Lauterburg 1999, S. 377).
Wie bereits erwähnt, halte ich dieses Phasenmodell für geeignet, um den Prozess der Konfliktregulierung nachvollziehen zu können. Allerdings muss darauf geachtet werden, dass dies der Idealfall ist. Doppler und Lauterburg sind nicht auf mögliche Abweichungen eingegangen, die gerade in Konfliktsituationen aufgrund der Komplexität der Konflikte, die durch die unterschiedlichen Ursachen und Reaktionen der Mitarbeiter hervorgerufen werden, auftreten können.

4.1.3.4 Moderation

In dem Phasenmodell nach Doppler/ Lauterburg (1999) spielte die Moderation bereits eine wichtige Rolle zur Konfliktregulierung. Ich beziehe mich im Wesentlichen auf die Anforderungen und Aufgaben eines Moderators.
    Zuvor gehe ich kurz auf den Begriff der Moderation ein. „Moderation ist eine von mehreren möglichen Methoden zur Durchführung von Besprechungen (...), in denen die Kommunikation im Vordergrund steht" (Heeg/ Dohm 1994, S. 452). Dieses Zitat kann durch die Ausführungen von Doppler und Lauterburg (1999), welche Gründe die Nachfrage von Moderation hat, ergänzt werden. Ein Grund ist, dass innovative Arbeit in Workshops oder Projektteams Moderation erfordert. Ein weiterer Grund nach Doppler und Lauterburg ist, dass die Fähigkeit zu moderieren zunehmend zum normalen Rüstzeug eines jeden Vorgesetzten, der seine Mitarbeiter motivieren möchte, gehört. Es steigt der Bedarf an Veranstaltungen in großen Kreisen von Mitarbeiter und Führungskräfte. Dabei wird oft Moderation gebraucht (vgl. Doppler/ Lauterburg 1999, S. 233).
    Es stellt sich die Frage, was mit Moderation gemacht werden kann. Die Antwort gibt Heeg/ Dohm (1994):
    Ideenfindung, Analyse, Problemlösung, Entscheidungsfindung, Lernen und Lehren (vgl. Heeg/ Dohm 1994, S. 460). Moderiert werden kann grundsätzlich bei offenen Fragen und Problemen, bei vielen unterschiedlichen Meinungen und Ideen, bei der Suche nach neuen Ideen und bei der Einigung bei strittigen Fragen in einer Gruppe (vgl. Heeg/ Dohm 1994, S. 460).
    Nach Doppler/ Lauterburg (1999) gibt es zahlreiche Aufgaben, die ein Moderator erfüllen sollte. Diese Aufgaben sind in der folgenden Abbildung zusammengefasst, auf die ich nicht näher eingehen werde, da diese Aufgaben meiner Meinung nach klar verständlich und ersichtlich sind.

- *Hintergründe und Zusammenhänge klären*
- *Gute Verständigung sicherstellen (kontrollierter Dialog)*
- *Für Konkretisierung sorgen*
- *Für Visualisierung sorgen*
- *Wortmeldungen zuteilen*
- *Stille Gesprächsteilnehmer aktivieren*
- *Vielredner bremsen*
- *Zum Thema zurückführen*
- *Das Wesentliche herausarbeiten (fokussieren)*
- *Zwischenergebnisse festhalten*
- *Meinungs- und Interessenunterschiede offenlegen*
- *Konflikte bearbeiten*
- *Die Verständigung im Team zum Thema machen*
- *Dem Team Feedback geben*
- *Den einzelnen Teammitgliedern Feedback geben*
- *Gefühle und Empfindungen ansprechen*
- *Eigene Gefühle zeigen*
- *Zeitmanagement*
- *Ergebnisse sichern*
- *Für klare Vereinbarungen sorgen*
- *Gemeinsame Bilanz und »Manöverkritik«*

Abb. 12: Die Aufgaben des Moderators im Überblick (entnommen aus: Doppler/ Lauterburg 1999, S. 238)[31]

Das Profil eines idealen Moderators wird von Heeg/ Dohm (1994) erläutert. Demnach ist Neutralität ein wichtiger Anspruch an den Moderator. Auch wenn ihn das Thema persönlich interessiert, muss

---

[31] detaillierte Beschreibung der Aufgaben in: Doppler/ Lauterburg 1999, S. 235ff.

er in der Lage sein, sich neutral zu zeigen. Persönliche Neutralität ist sehr wichtig. Sympathie oder Antipathie müssen außer Acht gelassen werden, um keinen Teilnehmer unterschiedlich zu behandeln (vgl. Heeg/ Dohm 1994, S. 453).

Ein weiterer Aspekt, der einen Moderator ausmacht, ist die thematische und kommunikative Kompetenz. Dies benötigt der Moderator, um die Teilnehmer durch die Sitzung zu führen. Die kommunikative Kompetenz dient dazu, bei Fehlentwicklungen der Besprechung rechtzeitig eingreifen zu können, z.B. Dauerredner zu bremsen, Schweiger zum Reden zu bewegen etc. Fachliche Kompetenz dagegen ist nicht so wichtig für einen Moderator. Auch ohne Fachkenntnisse kann der Moderator die Sitzung gut moderieren (vgl. Heeg/ Dohm 1994, S. 453f.).

Meiner Meinung nach sollte der Moderator jedoch einige Fachkenntnisse zum Thema aufweisen können. Die meisten Aufgaben kann der Moderator zwar ohne Fachwissen erfüllen (vgl. Doppler/ Lauterburg 1999, S. 238), zumal damit die Problematik der thematischen Neutralität nicht aufkommen würde (vgl. Heeg/ Dohm 1994, S. 454), allerdings kann er mit etwas Fachwissen auch beispielsweise für eine bessere Konkretisierung (vgl. Abb. 12) sorgen. Wenn Beispiele, Ergänzungen zu einem bestimmten Sachverhalt gegeben werden müssen, wäre auch der Moderator in der Lage, diesen Sachverhalt zu verstehen. Ein besseres Fachwissen kann auch bei den Punkten „zum Thema zurückführen, das Wesentliche herausarbeiten, (Zwischen-)ergebnisse festhalten" (vgl. Abb. 12) hilfreich bei der Moderation sein. Der Moderator muss dabei wissen, um welchen Sachverhalt es konkret geht. Sonst kann er meiner Meinung nach seine Aufgaben als Moderator nur unzureichend erfüllen.

Ein weiterer Punkt, der nach Heeg/Dohm (1994) bei einem Moderator wichtig ist, ist die Flexibilität. Es ermöglicht dem Moderator, von seinem vorbereiteten Konzept abzuweichen, wenn es die Situation erfordert (vgl. Heeg/ Dohm 1994, S. 454).

Um als Moderator die Rolle eines aktiven Dienstleisters, eines Beraters und Unterstützers oder eines Team-Coachs übernehmen zu können (vgl. Doppler/ Lauterburg 1999, S. 234) und seine Aufgaben zufriedenstellend zu erfüllen, kommt es während einer Moderation auf die Atmosphäre an. Offenheit und Vertrauen spielen dabei eine große Rolle (vgl. Doppler/ Lauterburg 1999, S. 234). Außerdem ist eine gute Verständigung untereinander sehr wichtig. Der Moderator muss weiterhin darauf achten, dass er nicht alles selbst in die Hand nehmen möchte, sondern, dass die Teammitglieder aktiv beteiligt sind. Wie bereits erwähnt, muss der Moderator gegenüber jedem Teilnehmer neutral bleiben. Er darf sich selbst nicht unnötig unter Leistungsdruck setzen. Entscheidend für die Mitglieder ist das

Bemühen des Moderators, das Team bei Schwierigkeiten zu unterstützen (vgl. Doppler/ Lauterburg 1999, S. 235).

Moderation kann bei Restrukturierungsmaßnahmen eine gute Unterstützung sein, um die Mitarbeiter in einer Organisation an die notwendigen Veränderungsabsichten heranzuführen. Dabei kann der Moderator die Rolle des Beraters und Unterstützers einnehmen. Mitarbeiter haben im Gespräch die Möglichkeit, sich auszutauschen und ihre Ängste vor Konsequenzen, die Veränderungen zur Folge haben, mitzuteilen. Der Moderator versucht zu beraten und zu vermitteln. Im Idealfall kann ein Initiator des Wandels am Gespräch teilnehmen, so dass er konkrete Fragen der Mitarbeiter sofort beantworten kann. Ein Moderator kann somit dafür sorgen, dass Veränderungswiderstand minimiert wird. Das hängt von seinen Fähigkeiten ab, Mitarbeiter zu motivieren und zu beraten.

4.1.3.5 FEEDBACK

Feedback kann auch dazu beitragen, dass Veränderungswiderstand minimiert werden kann.

Es stellt sich zunächst die Frage, was unter Feedback zu verstehen ist. „Offene Rückmeldungen an einen Menschen darüber, wie er auf andere wirkt ..."(Doppler/ Lauterburg 1999, S. 256). Es ist also eine Methode, um zu erfahren, wie ein Mensch von anderen wahrgenommen wird.

Viele Menschen haben Hemmungen, offen und ehrlich ihre Meinung über andere darzulegen. Der Hauptgrund ist die Angst, den anderen zu verletzen (vgl. Doppler/ Lauterburg 1999, S. 256). Gerade Vorgesetzten gegenüber sind die meisten Mitarbeiter aufgrund der Hierarchie gehemmt, offenes Feedback zu geben, weil sie Angst vor Sanktionen haben (vgl. Doppler/ Lauterburg 1999, S. 256).

Offenes Feedback ist nach Doppler und Lauterburg allerdings die Grundvoraussetzung für Selbstorganisation und Selbststeuerung. Persönliches Feedback muss schrittweise eingeübt und gelernt werden, um nicht Gefahr zu laufen, dass Feedback andere verletzen kann (vgl. Doppler/ Lauterburg 1999, S. 257), da es ein eher subjektives Erleben ist (vgl. Doppler/ Lauterburg 1999, S. 259). Feedback bezweckt, dass mehr Offenheit und Klarheit in den Arbeitsbeziehungen herrscht. Voraussetzung dafür ist die Bereitschaft aller Mitarbeiter und der Vorgesetzten (vgl. Doppler/ Lauterburg 1999, S. 258), Feedback zu praktizieren.

Bei der schrittweisen Einführung von Feedback ist die Anwesenheit eines Moderators empfehlenswert. Er kann diesen Prozess fachlich begleiten. Ziel ist es allerdings, dass die Mitarbeiter in der Lage sein werden, offenes Feedback ohne fremde Unterstützung zu praktizieren (vgl. Doppler/ Lauterburg 1999, S. 260). Offenes Feedback, insbesondere auch den Initiatoren von Wandel gegenüber, kann Veränderungswiderstand minimieren. Wenn Mitarbeiter ihren Vorgesetzten, die Veränderungsabsichten haben, ein offenes, aber nicht verletzendes Feedback geben können, haben sie das Gefühl, an Entscheidungen beteiligt zu sein.

Bei Restrukturierungsmaßnahmen, die weitreichende Konsequenzen haben können, ist Feedback meiner Meinung nach eine gute Methode, um Veränderungswiderstand gering zu halten. Wichtig dabei ist, einige Regeln einzuhalten.

Feedback soll nicht bewerten, sondern die eigenen Gefühle und Beobachtungen beschreiben. Die Rückmeldungen sollten sowohl positiv als auch negativ sein. Sie sollten konkret sein. Allgemeines Feedback ist nicht sinnvoll, da der andere Mitarbeiter damit nichts anfangen kann (vgl. Doppler/ Lauterburg 1999, S. 262f.).

Allerdings sehe ich die Gefahr, dass Feedback von Seiten der Vorgesetzten bei den betroffenen Mitarbeitern noch mehr Widerstand auslösen kann. Das ist gerade dann der Fall, wenn die Regeln von Feedback nicht eingehalten werden und sich der jeweilige Mitarbeiter missverstanden und verletzt fühlt. Wenn dieser Fall in der Organisation bekannt wird, kann dies weitreichende Konsequenzen haben, da andere Mitarbeiter dadurch beeinflusst werden und sich dem betroffenen Mitarbeiter gegenüber solidarisch zeigen.[32] Die Folge kann ein sehr großer Veränderungswiderstand sein, der den Wandel blockiert.

4.2 Der Umgang mit Widerständen

Bisher habe ich mein Augenmerk auf die Konzepte gelegt, die dazu beitragen, Veränderungswiderstand während der Gestaltung des Wandels zu minimieren.

Als nächsten Schritt möchte ich auf den Umgang mit Widerständen eingehen. Dabei geht es nicht mehr um die Gestaltung des Wandels, sondern um Methoden, um die schon vorhandenen Widerstände seitens der Mitarbeiter während des Veränderungsprozesses zu minimieren bzw. nutzbar zu machen.

Es stellt sich deshalb die Frage, wie die schon bestehenden Widerstände gegenüber Veränderungen überwunden werden können, damit die Veränderungsabsichten nicht blockiert werden und wie mit ihnen umgegangen werden soll.

---

[32] weiterführende Literatur: Doppler/ Lauterburg 1999, S. 30ff.

4.2.1 Allgemeine Aspekte zum Umgang mit Widerständen

Oft sind die Initiatoren selbst das gefährlichste Hindernis für geplante Veränderungen. Sie können sich selbst schwer in die Lage der Mitarbeiter versetzen, die die Veränderungsabsichten mit Skepsis betrachten und Widerstand zeigen. Der daraus resultierende Ärger, das Selbstmitleid und der Handlungsdruck bei den Führungskräften, die den Wandel herbeiführen möchten, sind große Hindernisse. Deshalb ist es wichtig, die eigenen Emotionen zu überwinden und Einwände der Mitarbeiter zu berücksichtigen (vgl. Doppler/ Lauterburg 1999, S. 303f.).

Doppler und Lauterburg (1999) haben vier Grundsätze formuliert, auf die ich nun näher eingehe. Wenn diese Grundsätze von den Initiatoren von Wandel verinnerlicht werden, dann ist ein konstruktiver Umgang mit Widerständen möglich.

1. Grundsatz: Es gibt keine Veränderungen ohne Widerstand!

→ Wie bereits erwähnt, ist Widerstand etwas Normales und Alltägliches.

2. Grundsatz: Widerstand enthält immer eine verschlüsselte Botschaft'!

→ Dies ist immer ein Anzeichen dafür, dass Menschen Angst, Befürchtungen und Bedenken den Veränderungen gegenüber haben.Deshalb ist es wichtig, diese Bedenken auszuräumen (vgl. Doppler/ Lauterburg 1999, S. 298).

3. Grundsatz: Nichtbeachtung von Widerstand führt zu Blockaden!

→ Widerstand zeigt, dass die Voraussetzungen für ein reibungsloses Vorgehen noch nicht erfüllt sind. Ein verstärkter Druck auf die Mitarbeiter würde nur zu einem verstärkten Gegendruck führen.

4. Grundsatz: Mit dem Widerstand arbeiten, nicht gegen ihn!

→ Die unterschwellige emotionale Energie muss von den Initiatoren von Wandel ernstgenommen werden. Sie müssen dem Widerstand Raum geben, in Dialog mit den Mitarbeitern gehen und damit die Ursachen erforschen und das Vorgehen mit dem Mitarbeitern neu festlegen.
(vgl. Doppler/ Lauterburg 1999, S. 302f.)

Diese Grundsätze einzuhalten, ist Aufgabe der Initiatoren von Wandel, um mit den Widerständen umgehen zu können.

Um die Widerstände zu minimieren, die die Veränderungsabsichten blockieren können, gibt es unterschiedliche Konzepte. Ich gehe in diesem Zusammenhang auf drei Methoden ein, die meiner Meinung nach besonders wirksam sein können beim Umgang mit Widerständen, aber auch bei der Gestaltung von Wandel. Diese Methoden sind Information, Partizipation und Kommunikation.

4.2.2 Informationen

Eine konkrete Methode, um Veränderungswiderstand zu vermindern, ist die Informationsstrategie. Wie bereits erwähnt, ist eine fehlende Information eine Ursache von Veränderungswiderstand. Informationen beziehen sich auf die Art und Weise, wie über geplante Veränderungen informiert wird.

Ein Informationsinhalt sollte die Begründung der Veränderung sein (vgl. Schanz 1982, S. 335). Mitarbeiter haben das Recht, von bevorstehenden Veränderungen und über die Gründe rechtzeitig informiert zu werden. Dieser Aspekt ist sehr bedeutsam, da somit das Problemverständnis der Betroffenen verbessert werden kann. Wenn die Mitarbeiter das Problem und die Notwendigkeit für Veränderungen erkannt haben, dann führt dies zu weniger Veränderungswiderstand.

Weiterhin sollten während des Veränderungsprozesses die Mitarbeiter über Teilziele bzw. über den Endzustand aufgeklärt werden (vgl. Schanz 1982, S. 335).

Außerdem ist es besonders wichtig, dass die Initiatoren von Veränderungen die Mitarbeiter über mögliche Nebenwirkungen aufklären, um negative Überraschungen während des Veränderungsprozesses zu vermeiden (vgl. Schanz 1982, S. 335).

Wenn Mitarbeiter über den Veränderungsprozess informiert werden, dann können sie sich ein Bild über die eigene Betroffenheit machen (vgl. Schanz 1982, S. 335). Sie können beispielsweise schon im Vorfeld erkennen, ob der eigene Arbeitsplatz durch die jeweilige Veränderung gefährdet ist.

Je informierter der jeweilige Mitarbeiter ist, desto genauer sind auch seine Erwartungen darüber, was der Veränderungsprozess bewirken soll und welche Rolle er darin spielt (vgl. Schanz 1982, S. 335). Dabei stellt sich die Frage, ob er in dem Veränderungsprozess ein Mitspracherecht hat oder ob er nur Mitläufer ist und sich somit den Veränderungen in der Organisation anpassen muss.

Informationen sind also entscheidend für den Erfolg von Veränderungen. Wenn Mitarbeiter besser informiert sind, dann kann der Widerstand sehr gering sein.

Informationen können aber auch das Gegenteil bewirken. Sie können noch mehr Widerstände hervorrufen. Mitarbeiter sehen aufgrund ihrer Informationen über bevorstehende Veränderungen zu viele negative Nebenwirkungen, so dass sie deshalb blockieren (vgl. Schanz 1982, S. 336).

Inwieweit Informationen Widerstand vermeiden oder vergrößern, hängt letztendlich von der Art und Weise der Präsentation der Informationen ab (vgl. Schanz 1982, S. 336).

Es muss offen mit den betroffenen Mitarbeitern über mögliche Nebenwirkungen, z.B. bei Restrukturierungsmaßnahmen die Arbeitslosigkeit oder Mehrarbeit, und die daraus resultierenden Probleme gesprochen werden.

4.2.3 Partizipation

Partizipation bedeutet, dass Mitarbeiter die Möglichkeit haben, Einfluss auf den Verlauf und das Ergebnis von Veränderungsprozessen zu nehmen (vgl. Schanz 1982, S. 336).

Es stellt sich nun die Frage, wie Mitarbeiter an den notwendigen Veränderungen beteiligt werden können. Dabei beziehe ich mich auf die Ausführungen nach Osterhold (2000), da sie meiner Meinung nach sehr anschaulich dargestellt werden.

Nach Osterhold sollten nur bestimmte Mitarbeiter am Prozess beteiligt werden. Sie sollten bestimmte Voraussetzungen erfüllen. *„Beteiligt werden sollte, wer an der Veränderung interessiert ist, wer betroffen ist, wer Verantwortung übernimmt, wer Wissen, Kompetenz und Ideen hat und last, but not least bereit ist, Zeit und Engagement zu investieren"*[33](Osterhold 2000, S. 71).

Wie Mitarbeiter mit in den Veränderungsprozess einbezogen werden können, zeigt die folgende Abbildung:

---

[33] kursive Schrift im Original

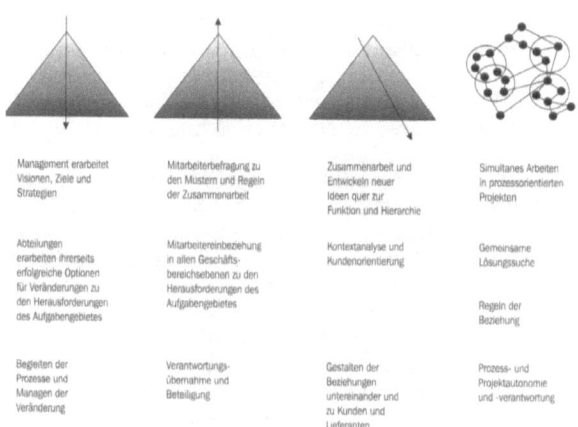

Abb. 13: Wie Mitarbeiter in den Veränderungsprozess einbezogen werden (entnommen aus: Osterhold 2000, S. 72)

Nach Osterhold (2000) nimmt sich das Management in der ersten Phase (von oben nach unten) Zeit, über die Zukunft des Unternehmens nachzudenken. Es muss zunächst Klarheit über die wichtigsten Veränderungen und Ziele bestehen. Wie bereits erwähnt sollten nur Mitarbeiter mit in den Prozess eingebunden werden, die an einer Veränderung ernsthaft interessiert sind. In dieser Phase besteht die Gefahr, dass Mitarbeiter beispielsweise Termine kurzfristig absagen oder Ausreden erfinden. Dabei kommt es im Prozess zu Schuldzuweisungen. Der indirekte bzw. verdeckte Widerstand wird gezeigt, der durch mangelnde Überzeugungskraft und Eindeutigkeit im Management hervorgerufen wird (vgl. Osterhold 2000, S. 78f.).

In der zweiten Phase (von unten nach oben) werden Mitarbeiter frühestmöglich in den Prozess einbezogen. Sie übernehmen Mitverantwortung für den Veränderungsprozess. Das Potential der Mitarbeiter für gute Ideen wird genutzt. In dieser Phase geht es darum, den Grundstein für das Verständnis für Veränderungen zu legen. Wenn Mitarbeiter spüren, dass die Führungskräfte ihre Einwände ernst nehmen, wenn sie Ausdauer zeigen und die Mitarbeiter über mögliche Entscheidungen informieren und befragen, dann wird die Gruppe, die sich an den Veränderungsabsichten beteiligen will, immer größer (vgl. Osterhold 2000, S. 79f.).

In der dritten Phase (quer zur Hierarchie) wird mit geringem Aufwand Informationsvielfalt erreicht und Netzwerke geschaffen. Durch den unterschiedlichen Beobachtungsstandpunkt kann eine ganzheitliche Perspektive erreicht werden. Somit können vielfältige Interessen wahrgenommen werden. Gute Ideen bzw. Gedanken werden schnell durch die Organisation transportiert (vgl. Osterhold 2000, S. 80).

In der vierten Phase (Prozessorientierte Projektarbeit) werden horizontale Barrieren, wie z.B. Standort, Organisation überwunden. Vertikale Schranken müssen zu Kunden, Lieferanten und Kooperationspartnern aufgehoben werden. Projekte brauchen Kompetenzen und interessierte Mitarbeiter, um große Veränderungen zu erreichen. In der Zusammenarbeit können schnelle und erfolgreiche Lösungen gemeinsam gefunden werden. Aufgrund der Unterschiedlichkeit der Mitarbeiter und die Beziehungen zueinander werden verschiedene Lösungen für ein Problem gefunden.

Die Eigenverantwortlichkeit eines Teams ist für das Projekt bzw. für den Prozess notwendig (vgl. Osterhold 2000, S. 81).[34]

In einer Restrukturierungsphase ist Partizipation besonders wichtig. Gerade wenn die Konsequenzen von Veränderungen sehr groß sind, müssen Mitarbeiter in den Entscheidungsprozess integriert werden, um ihre Emotionen und ihre Einwände auszudrücken. Hier kann auch auf den Nutzen des Bewahrenden zurückgegriffen werden. Wenn der Bewahrende in den Veränderungsprozess partizipiert wird und die Initiatoren von Wandel seine Einwände ernst nehmen und mit berücksichtigen, dann kann meiner Meinung nach Widerstand abgebaut werden, da er das Gefühl bekommt, aktiv beteiligt zu sein und von den Führungskräften verstanden zu werden.

Partizipation kann also Veränderungswiderstand abbauen.

Es gibt aber auch nach Schanz (1982) kontroverse Positionen von Partizipation.

„Zum einen wird die Gefährdung mit der folgenden Begründung bejaht: Je mehr Personen am Entscheidungsprozess partizipieren, desto mehr Sichtweisen und Konflikte werden relevant, desto schwieriger ist es, den Prozess voranzutreiben und zu einem Abschluss zu bringen, desto schwieriger wird es auch, eindeutige Entscheidungen zu treffen (...)" (Schanz 1982, S. 337f., zit.n. Kirsch/ Esser/ Gabele 1979, S. 300). Diese Position zeigt, dass notwendige Veränderungen durch Partizipation verzögert werden können.

---

[34] weitere Ausführungen zu der Beteiligung der Mitarbeiter in einem Projekt in: Lichtenberg (u.a.) 1990, S. 17ff.

Nach dieser Position kann die Strategie des „Bombenwurfs" (vgl. Schanz 1982, S. 334)[35] angewendet werden. Das bedeutet, dass Mitarbeiter keine Entscheidungsmöglichkeiten haben und sich durch die Anwendung von Macht den Veränderungen anpassen müssen. Hier stellt sich die Frage, wie in diesem Fall das Arbeitsklima und die Zufriedenheit der Mitarbeiter aussieht. Schanz bezeichnet diesen Fall als „zu radikal" (Schanz 1982, S. 338).

„Andererseits wird aber auch argumentiert, dass bei einer Eröffnung von Partizipationschancen die Ergebnispromotion erheblich erleichtert werden kann. Je mehr Betroffene aufgrund einer umfangreichen Partizipation die schließlich getroffenen Entscheidungen ‚mittragen', desto weniger bleiben übrig, gegen deren Widerstand das Ergebnis durchgesetzt werden muss" (Schanz 1982, S. 338, zit.n. Kirsch/ Esser/ Gabele 1979, S. 300). Diese Position bezeichnet Partizipation als Allheilmittel zur Überwindung von Veränderungswiderstand. Dieser Aspekt ist nach Schanz (1982) sehr naiv, da das Konfliktpotential bei Veränderungen meist zu groß ist, um alle betroffenen Individuen zu erreichen (vgl. Schanz 1982, S. 338).

Somit kann festgehalten werden, dass Partizipation zwar Veränderungswiderstand minimieren kann, aber nur in bestimmten Veränderungssituationen möglich ist. Wenn das Konfliktpotential in einer Organisation zu groß ist, dann kann Partizipation Veränderungswiderstand nicht vermindern. Dies ist nur dann möglich, wenn die Ergebnisse von Veränderungen persönlich beeinflussbar sind, d.h. das Individuum kann im Veränderungsprozess seine eigenen Interessen und Bedürfnisse berücksichtigen. Wenn das Konfliktpotential aber zu groß ist, dann ist es nicht möglich, alle Mitarbeiter am Entscheidungsprozess teilhaben zu lassen (vgl. Schanz 1982, S. 338).

4.2.4 Kommunikation

Kommunikation ist ein sehr wichtiger Aspekt im Veränderungsmanagement, sowohl in der Gestaltung von Wandel, d.h. dass Mitarbeiter von Anfang an in Kommunikation mit den Initiatoren von Wandel stehen sollten, als auch im Umgang mit Widerständen, d.h. wenn Widerstände im Veränderungsprozess schon vorhanden sind, dann können sie durch Kommunikation minimiert werden.

Dabei muss zwischen der formellen, offiziellen und geregelten Kommunikation und der informellen, inoffiziellen, nicht geregelten

---

[35] Die Strategie des Bombenwurfs wird dann eingesetzt, wenn andernfalls tiefgreifende Veränderungen nicht durchsetzbar sind. Ein Grobkonzept wird wie eine Bombe unwiderruflich in Kraft gesetzt (vgl. Kirsch/ Esser/ Gabele 1979, S. 180, entnommen aus: Schanz 1982, S. 334).

Kommunikation unterschieden werden (vgl. Doppler/ Lauterburg 1999, S. 324). Auch die informelle Kommunikation muss gezielt gefördert und konsequent genutzt werden. Außerdem muss dafür gesorgt werden, dass die formelle und informelle Kommunikation nicht in Widerspruch zueinander geraten (vgl. Doppler/ Lauterburg 1999, S. 326). Dafür gibt es einige Verfahren, auf die ich allerdings nicht näher eingehen werde. Um die informelle Kommunikation zu fördern, sind Betriebsbesuche, informelle Gesprächsrunden, Telefongespräche mit Mitarbeiter, Feste und Ausflüge, Errichten von Begegnungsräumen, z.B. Pausenräume, geeignet (vgl. Doppler/ Lauterburg 1999, S. 326ff.).

Wie bereits erwähnt, kann eine fehlende Kommunikation eine Ursache für Veränderungswiderstand sein. Wenn wenig Kommunikation zwischen den Mitarbeitern besteht, dann sind sie oft unzufrieden und fühlen sich nicht zugehörig. Kommunikation ist aber gerade in Veränderungsprozessen, insbesondere bei Restrukturierungsmaßnahmen, wichtig, um sich gegenseitig bei Veränderungen im alltäglichen Arbeitsablauf zu unterstützen.

Um Kommunikation in einer Organisation zu fördern, müssen Kommunikationstechniken entwickelt werden, um Widerstand zu vermeiden bzw. zu minimieren. Dabei beziehe ich mich auf die Siemens-Veröffentlichung ‚Organisationsgestaltung', die darüber informiert, wie die Kommunikation in Gruppen effizienter gestaltet werden kann, damit es nicht zu einem Veränderungswiderstand kommt. Sie verdeutlicht Techniken, um Kommunikation in der Praxis zu fördern. Dabei greife ich die Ausführungen von Klages/ Schmidt (1978) auf, die meiner Meinung nach auch heute noch Gültigkeit haben. Die Partizipation, die bereits erwähnt wurde, ist eine Technik, um die Kommunikation in Gruppen effizienter zu gestalten. Dabei müssen die Teilnehmer bzw. die Mitarbeiter in Diskussionen, Seminaren oder Sitzungen mit einbezogen werden, so dass sie aktiv sind. Die Folge ist die Motivation der Mitarbeiter, um die Planungen, die entwickelt wurden, in der Zukunft umzusetzen. Eine weitere Technik ist die Bewertungstechnik. Dabei wird es den Mitarbeitern möglich gemacht, ihre Meinungen oder bestimmte Situationen anonym oder offen mitzuteilen und sie somit für andere transparent zu machen. Das führt dazu, dass sie üben können, sich eine eigene Meinung zu bilden und sie auch anderen mitzuteilen. Jede Meinung eines Mitarbeiters kann dem Unternehmen nützlich sein. Dadurch können in Einzelfällen auch tragfähige Entscheidungen herbeigeführt werden. In diesem Zusammenhang kann noch einmal auf den Nutzen des „Bewahrenden" hingewiesen werden. Die Darstellung von Gruppenergebnissen kann ebenfalls zu einer höheren Effizienz bei der Kommunikation in Gruppen führen. Sie ist eine Ergänzung zur Visualisierung, d.h. die

Mitarbeiter können sich durch die Kommunikation mit anderen ein genaues Bild über die Probleme des Unternehmens und die notwendigen Veränderungen machen (vgl. Klages/ Schmidt 1978, S. 64f.).

4.2.5 Bedingungen für eine Änderungsbereitschaft

Nachdem ich nun konkrete Konzepte wie die Information, Partizipation und Kommunikation erläutert habe, gehe ich nun abschließend auf allgemeine Bedingungen ein, die Veränderungswiderstand minimieren können.
Sie werden in drei Überschriften zusammengefasst (vgl. Rosenstiel/ Molt, Rüttinger 1975, S. 168f. zit. n. Watson 1966). Die erste Überschrift lautet: ‚Wer bewirkt den Wandel?' Darunter wird das Gefühl des Mitarbeiters verstanden, dass das Projekt das eigene ist, d.h. dass er sich mit diesem Projekt identifiziert. Das Projekt wird hier als eine Veränderungsmaßnahme verstanden. Weiterhin sollte das Projekt volle Unterstützung von den Führungskräften haben. Wenn diese Aspekte gegeben sind, dann wird Veränderungswiderstand verringert.
Die nächste Überschrift lautet: ‚Welche Art von Änderungsprozess hat die Chance für Erfolg?' Es kommt nicht zu einem Veränderungswiderstand, wenn die Veränderungsmaßnahmen mit den Werten und Idealen übereinstimmen, die in der Organisation schon lange anerkannt sind. Außerdem sollten Mitarbeiter erkennen, dass ein Projekt auch neue Erfahrungen für jeden einzelnen mit sich bringen kann. Weiterhin sollte der Mitarbeiter das Gefühl haben, dass seine Autonomie und die Sicherheit nicht bedroht ist.
Die letzte Überschrift lautet: ‚Verfahren zur Durchführung des Änderungsprozesses.' Demnach wird Veränderungswiderstand vermindert, wenn das Projekt durch eine Gruppenentscheidung akzeptiert wurde, d.h. möglichst viele Mitarbeitenten waren an der Entscheidung beteiligt. Weiterhin sollten Führungskräfte die Unsicherheiten und Vorbehalte gegen Veränderungen anerkennen und Maßnahmen gegen die Furcht der Mitarbeiter ergreifen. Wenn Mitarbeiter wissen, dass das Projekt jederzeit gestoppt werden kann, dann fühlen sie sich sicher und blockieren selten die Veränderungsabsichten. Besonders wichtig ist das gegenseitige Verständnis, Unterstützung und Vertrauen untereinander, um Veränderungen zu akzeptieren und mit ihnen umzugehen. Außerdem ist es für Mitarbeiter wichtig, dass das Projekt für Überprüfungen von Außenstehenden offen bleibt, so dass sie sicher sein können, dass sie durch die jeweiligen Veränderungen keine Nachteile befürchten müssen.

Diese Aspekte sind meiner Meinung sehr empfehlenswert, aber auch sehr idealistisch. Dieser Idealfall, wie er hier geschildert wurde, kann selten erreicht werden. Das gilt allerdings für alle Konzepte, die ich erläutert habe, um Veränderungswiderstand zu minimieren.

4.3 Begleitende Beratung in Veränderungsprozessen

Nachdem Konzepte zur Minimierung von Veränderungswiderstand erläutert wurden, die eher intern ausgeführt werden können, geht es um die Frage, welche verschiedenen Instrumente Veränderungsprozesse begleiten und Widerstand minimieren können. Dabei beziehe ich mich auf Coaching und Supervision, die in der Regel durch einen externen Berater ausgeführt werden. Ich gehe dabei insbesondere auf die Definition und auf die Effekte dieser Instrumente ein, weniger auf deren Verlauf im Beratungsprozess.

4.3.1 Coaching

4.3.1.1 DEFINITION DES BEGRIFFS

Es stellt sich die Frage, ob Coaching Widerstand minimieren kann.

In der nun folgenden Beschreibung beziehe ich mich auf die Ausarbeitungen zu diesem Thema von Wolfgang Looss (vgl. Fatzer/ Rappe-Gieseke, Looss, 1999) und Doppler/ Lauterburg (1999).

Wolfgang Looss unterstellt dem Begriff Coaching eine „hohe semantische Elastizität" (Looss 1999, S. 105), da er seine Bezeichnungskraft für etwas Konkretes inzwischen verloren habe. Somit zieht eine Verwendung des Begriffs Coachings heutzutage auch gleichzeitig eine Begriffsdefinition nach sich, ohne die nicht gewährleistet wäre, dass jeder darunter die gleiche Art von Tätigkeit verstehe. Im Prinzip geht es beim Coaching um die beraterische Begleitung und Unterstützung eines Menschen (vgl. Doppler/ Lauterburg 1999, S. 428), durch die er in der Lage versetzt wird bzw. unterstützt wird, sein Berufsleben besser zu bewältigen. Coaching wird meist für Führungskräfte angeboten, da die Führungsaufgaben anspruchsvoll und komplex sind. Es müssen schwierige personelle und strukturelle Veränderungen bewältigt werden, die neben dem operativen Geschäft Führungskräfte überfordern (vgl. Doppler/ Lauterburg 1999, S. 428). Durch Coaching wird auch die Umsetzung von Veränderungen unterstützt.

Beim Coaching wird zwischen dem Einzelcoaching und dem Teamcoaching unterschieden. Beim Einzelcoaching geht es um die persönliche und individuelle Beratung, die situativ gestaltet werden kann (vgl. Doppler/ Lauterburg 1999, S. 429). Es kann allerdings nicht flächendeckend eingesetzt werden, da die Kapazität an qualifizierten Beratern fehlt. Einzelcoaching unterstützt bei der Bewältigung kritischer Situationen und bei der Steuerung und Umsetzung von schwierigen Veränderungsprozessen (vgl. Doppler/ Lauterburg 1999, S. 430). Das Teamcoaching beruht auf Erfahrungsaustausch, kollegialer Beratung und persönlichem Feedback in einem kleinen Team von Mitarbeitern. Das Teamcoaching unterscheidet sich zur Teamentwicklung in dem Punkt, dass bei der Teamentwicklung Beratung in Anspruch genommen wird, um die interne Zusammenarbeit zu verbessern (vgl. Doppler/ Lauterburg 1999, S. 429). Der Schwerpunkt von Teamcoaching liegt auf wechselseitiger kollegialer Beratung. Ein Berater kann nach Doppler/ Lauterburg (1999) sechs Mitarbeiter coachen.

Freiwilligkeit, Neutralität der Gesprächspartner, Offenheit und Vertrauen sind die wichtigsten Voraussetzungen für ein erfolgreiches Coaching (vgl. Doppler/ Lauterburg 1999, S. 430). Letztendlich ergibt sich daraus für Looss (1997) folgende Definition: „Coaching ist die professionell betriebene, personenzentrierte Einzelberatung von Menschen zu der Frage, wie diese in schwierigen Situationen ihre berufliche Rolle handhaben"(vgl. Fatzer [u.a.] 1999, S. 109).

4.3.1.2 ERGEBNIS UND EFFEKT VON COACHING IN VERÄNDERUNGSPROZESSEN

Das Ergebnis von Coaching ist einerseits die konkrete Problembewältigung eines zuvor erkannten Problems, andererseits ein viel weitreichenderes Ergebnis, welches sich darin auszeichnet, dass durch die Beratung die Problemsicht des Klienten selbst eine andere geworden ist und er nun auch in der Lage ist, seine eigenen Probleme zukünftig besser analysieren zu können (vgl. Fatzer [u.a.] 1999, S. 123).

Der Effekt des Coachings ist, dass der Klient ein Zugewinn an Lösungspotential für das ursprüngliche Problem erworben hat. Zudem wurde aber auch ein Lerneffekt erzielt, der weit darüber hinaus reicht, indem der Klient auch andere Problemperspektiven gewonnen hat durch das Miteinbeziehen individueller und auch organisatorischer Verhaltensmuster und deren Entstehungsgeschichte (vgl. Fatzer [u.a.] 1999, S. 123f.).

Rückblickend lässt sich sagen, dass die Nutzer dieser Beratungsform Führungskräfte waren, überwiegend aus dem wirtschaftlichen Bereich, da sie am ehesten unter Druck standen, sich Veränderungen anpassen zu müssen. Inzwischen hat sich der Veränderungs- und Handlungsdruck auch auf die Non-Profit-Organisationen ausgebreitet und betrifft nicht mehr nur, wie bereits erwähnt, ausschließlich Führungskräfte, sondern nahezu alle Mitarbeiter.

Gerade in Restrukturierungsprozessen ist Coaching ein wichtiges Instrument, um Führungskräfte in der Gestaltung des Wandels zu beraten und zu unterstützen. Coaching kann aber auch die Mitarbeiter, die unter Umständen im Zuge der Restrukturierung Rollenveränderungen hinnehmen müssen, begleiten und unterstützen, um mit der neuen Rolle, die in der Organisation eingenommen wurde, umzugehen (vgl. Looss 1999, in: Fatzer [u.a.] 1999, S. 117). Anlass für Coaching können die erhöhten Lernanstrengungen sein, die die Folge von Veränderungsprozessen sind (vgl. Looss in: Wimmer [u.a.] 1992, S. 173).

Meiner Meinung nach empfiehlt sich Einzelcoaching bei Führungskräften besonders, wenn sie den Wandel initiieren und den Widerständen der Mitarbeiter ausgesetzt sind. Coaching kann dazu beitragen, dass das Führungsverhalten kritisch betrachtet und überprüft wird. Mit Hilfe des Coaches können Lösungen ermittelt werden. Teamcoaching ist eher für die betroffenen Mitarbeiter geeignet. Es können Ängste und Vorbehalte abgebaut werden, der Umgang mit Konflikten kann erlernt werden und Kommunikation kann aufgebaut werden. Veränderungswiderstand kann deshalb mit Hilfe von Coaching minimiert werden.

4.3.2 Supervision

4.3.2.1 Definition

Es stellt sich zunächst die Frage, ob es einen Unterschied zwischen Coaching und Supervision gibt. Nach Doppler/ Lauterburg (1999) besteht kein Unterschied zwischen den beiden Begriffen. Es sei eigentlich nur eine semantische Frage zweier Begrifflichkeiten, die im Prinzip das Gleiche bezeichnen. Der einzige Unterschied sei der, dass die Supervision als Form der berufsbegleitenden Qualifizierung in therapeutischen, pädagogischen und sozialen Berufen seit jeher ein selbstverständliches und unverzichtbares Instrument der Professionalisierung darstelle. Im Bereich des Management hingegen wird Coaching als Entdeckung der letzten wenigen Jahre beschrieben (vgl. Doppler/ Lauterburg 1999, S. 431). Im Gegensatz dazu sprechen andere Autoren von einem weitläufigeren Unterschied zwischen Supervision und Coaching als lediglich der Unterscheidung verschiedener Anwendungsbereiche. Coaching hat einen stärker anleitenden Charakter als die Supervision und ist auf die aktuellen Entscheidungen der Führungskräfte bezogen (vgl. DGSv 1996, S. 16).

Supervision ist eine feldspezifische Beratungsmethode zur Sicherung und Verbesserung der Qualität beruflicher Arbeit (vgl. DGSv 1996, S. 11/ Fatzer [u.a.] 1999, S. 44). Dabei werden Probleme und Konflikte aus dem beruflichen Alltag besprochen. Supervision unterstützt die Entwicklung von Konzepten, bei der Begleitung von Strukturveränderungen und bei der Entwicklung der Berufsrolle.

Durch Supervision kann die Kommunikations- und Kooperationsfähigkeit der Organisation verbessert werden, die Konflikt- und Verhandlungsfähigkeit kann entwickelt werden. Supervision arbeitet selbstreflexiv, d.h. sie schult nicht. Supervision wird angeboten als Einzelsupervision, Gruppensupervision und als Supervision in Organisationen. Darunter fallen Teamsupervision, Leitungsberatung und Rollenberatung (vgl. DGSv 1996, S. 11f.).

Supervision kann abschließend mit einigen Strukturmerkmalen definiert werden, wobei hier lediglich die wichtigsten erwähnt werden. Supervision ist praxisbezogen, d.h. nur reale Fälle werden behandelt. Ein weiteres Merkmal ist die Arbeitsfeldnähe. Dadurch ist eine ständige Begleitung des Prozesses gewährleistet. Außerdem ist die Nähe zum Feld für den Kunden kostengünstig, da keine Reisekosten anfallen. Alltagsnähe ist ein weiteres Strukturmerkmal von Supervision. Dadurch werden alltägliche Probleme behandelt und vor Ort nach möglichen Lösungen gesucht. Ein weiteres wichtiges Merkmal ist die Prozessorientierung. Lösungen können im Alltag nicht immer sofort gelöst werden. Daher bedarf es einer gewissen Zeitspanne (vgl. Fatzer [u.a.] 1996, S. 68ff. zit. n. Lothar Nellessen).

4.3.2.2 Ziele von Supervision

Supervision verfolgt drei Ziele. Ein Ziel ist die Verbesserung der Handlungskompetenz der Supervisanden mit den Klienten und Kollegen (vgl. Fatzer [u.a.] 1999, S. 31). Unter Handlungskompetenz wird Methodenkompetenz, Sozial- und Selbstkompetenz verstanden. Ein weiteres Ziel ist, die Arbeitszufriedenheit zu erhöhen oder wiederherzustellen. Supervision gibt Hilfen zur Verarbeitung psychischer Belastungen im Beruf. Das letzte Ziel ist die Überprüfung der Wirksamkeit des eigenen professionellen Handelns. Dies dient der Selbstkontrolle der Arbeit (vgl. Fatzer [u.a.] 1999, S. 31). Um die Ziele von Supervision zusammenzufassen, ist meiner Meinung nach der Begriff der Selbstreflexion relevant. Die Supervisanden versuchen, sich selbst und ihr eigenes Handeln und Denken zu reflektieren (vgl. Buchinger in: Wimmer [u.a.] 1992, S. 158)[36]

---

[36] Vgl. auch Fatzer [u.a.] 1999, S. 29f.

4.3.2.3 SUPERVISION IN VERÄNDERUNGSPROZESSEN

Es stellt sich nun die Frage, ob Supervision Veränderungswiderstand in Restrukturierungsprozessen minimieren kann. Die Umsetzung von Veränderungsprozessen ist oft sehr schwierig, da sie nicht genügend begleitet werden. Wie bereits erwähnt, müssen neue formelle Reglungen, z.B. neue Aufgabenbeschreibungen, entwickelt werden. Mitarbeiter und Führungskräfte müssen diese Veränderungen für sich nachvollziehen können (vgl. Fatzer [u.a.] 1999, S. 48). Hier wird oft der Grundstein für Widerstand gelegt. In dieser Situation kann Supervision eine wichtige Funktion übernehmen. Supervision wird in den Prozess der Veränderung systematisch eingebaut. Somit ist eine Kooperation der Supervisoren mit den OE-Beratern gegeben. Die beste Möglichkeit, um Supervision erfolgreich zu gestalten, ist die Zusammenarbeit der Supervisoren mit den OE-Beratern und mit den Initiatoren von Wandel (vgl. Fatzer [u.a.] 1999, S. 49). Voraussetzung dafür ist, dass der Supervisor etwas von Organisationsentwicklung[37] verstehen muss. Ziel von Supervision in Veränderungsprozessen ist die Unterstützung des Einzelnen, des Teams, aber auch der Leitung (vgl. Fatzer [u.a.] 1999, S. 47). Supervision kann beispielsweise das Selbstverständnis eines Teams, das durch ein Restrukturierungsprozess verändert wurde, klären. Supervision bezieht sich auf einzelne Mitarbeiter, auf ihre berufliche und persönliche Situation.

Veränderungswiderstand kann durch Supervision minimiert werden, da sie sich auf die betroffenen Mitarbeiter bezieht und nicht nur auf die Führungskräfte und deren Veränderungsabsichten.

4.3.3 Zusammenfassung und Diskussion der Instrumente

Durch Coaching kann, wie bereits erläutert, Veränderungswiderstand minimiert werden. Mit Hilfe von Coaching können Ängste gegenüber Veränderungen abgebaut werden, der Umgang mit Konflikten kann erlernt werden und Kommunikation kann aufgebaut werden. Beim Coaching steht die individuelle Beratung auf der Fachebene im Mittelpunkt sowie die persönliche Unterstützung im Beruf. Coaching kann aber auch Führungskräfte bei der Umsetzung von Wandel unterstützen. Im Wirtschaftsbereich findet Coaching Anwendung.

---

[37] Organisationsentwicklung umfasst das Planen und Umsetzen von Maßnahmen der Organisationsveränderung. Ein OE-Berater gestaltet den Veränderungsprozess (vgl. Fatzer[u.a.] 1999, S. 136).

Supervision geht auf die einzelnen Mitarbeiter ein und versucht, im Einzelgespräch oder auch in der Gruppe, die berufliche Situation zu analysieren und gemeinsam Lösungen zu finden. Dabei geht es insbesondere um die Ängste und Befürchtungen der betroffenen Mitarbeiter. Deshalb kann Supervision dazu beitragen, dass Veränderungswiderstand minimiert werden kann, insbesondere der emotionale Widerstand (vgl. Vahs 2001, S. 281).

Bei der Frage, welches Instrument am geeignetesten ist, spielt der Bereich, z.B. Wirtschaft oder Non-profit-Organisationen, eine große Rolle. Dabei geht es sowohl bei der Supervision als auch beim Coaching immer um wirtschaftliche Ziele. In Profit – Organisationen wird nie von Supervision gesprochen und auch im klassischen Sinn selten durchgeführt. Deshalb kann nicht festgemacht werden, welches Instrument am geeignetesten ist, um Widerstand zu minimieren. Generell ist zu fragen, ob die Berater grundsätzlich extern sein müssen oder ob auch interne Berater erfolgreich sein können. Leider habe ich wenig in der Literatur über die Frage, ob interne oder externe Berater in Restrukturierungsmaßnahmen sinnvoller sind, gefunden. Es wird meist nur von externen Beratern gesprochen. So versuche ich, die Vor- und Nachteile selbst darzustellen. Objektivität und Neutralität sind wichtig, um Veränderungswiderstand minimieren zu können. Betroffene Mitarbeiter haben einen anderen Zugang zu externen Beratern, als zu denjenigen, die aus der eigenen Organisation kommen. Externen Beratern gegenüber sind Mitarbeiter offener, nachdem sie sich vergewissert haben, dass Inhalte des Beratungsgespräches vertrauensvoll behandelt werden. Sie können eher über ihre Probleme im Beruf, über Konflikte mit Kollegen oder Vorgesetzten sprechen. Wenn das Beratungsgespräch in der Gruppe stattfindet, ist ein offener Austausch von Erfahrungen und Problemen möglich. Der Berater hat den Vorteil, dass er in die Struktur der Organisation und somit in den vorhandenen Problemen nicht involviert ist, so dass er keine vorgefertigte Meinung oder Vorurteile den Mitarbeitern gegenüber hat. Er ist neutral und fühlt sich somit nicht zu einer Gruppe von Mitarbeitern hingezogen. Bei internen Beratern ist meiner Meinung nach Gegenteiliges festzumachen. Sie können aufgrund ihrer Mitgliedschaft in der jeweiligen Organisation nicht neutral sein und fühlen sich immer mit einer bestimmten Gruppe von Mitarbeitern verbunden. Außerdem ist er immer eingeschränkt in seinem Handeln, da er unter Umständen Anweisungen von seinem Vorgesetzten bekommt, z.B. wie er Gespräche mit Mitarbeitern führen soll oder in welche Richtung er die Mitarbeiter lenken soll. Betroffene Mitarbeiter können sich internen Beratern gegenüber weniger öffnen, da sie Angst vor Konsequenzen haben, wenn Gesprächsinhalte an die Vorgesetzten herangetragen werden. Auch wenn dies keine Absicht sein sollte, sind Mitarbeiter gehemmt, ihre Probleme in der

Organisation dem Berater offen und ehrlich mitzuteilen. Oft können sie auch nicht einschätzen, inwieweit der Berater selbst in der Organisation in dem Prozess der Restrukturierung involviert ist. Natürlich gibt es auch einige Vorteile von internen Beratern. Ein wichtiger Punkt dabei ist sicherlich die Kosteneinsparung, wenn ein schon vorhandener Mitarbeiter eine Beraterfunktion übernimmt. Ein weiterer Vorteil ist, dass sich der Mitarbeiter schon mit der Struktur und mit den gegenwärtigen Problemen vertraut machen konnte, so dass er einen besseren Überblick über die Thematik hat als ein externer Berater. Grundsätzlich bin ich der Auffassung, dass gerade in Restrukturierungsphasen externe Berater sinnvoller sind aus den oben genannten Gründen.

Optimal wäre meiner Meinung nach ein Zusammenspiel zwischen internen und externen Beratern. So können sie sich gegenseitig ergänzen. Der externe Berater bewahrt sein objektives und neutrales Blickfeld, während der interne Berater mit seinem Wissen über Struktur und Problematik unterstützend tätig sein kann. Somit werden interne Belangerichtig und vollständig erfasst und gleichzeitig bleibt die Neutralität und Objektivität erhalten. So kann eine optimale Beratung gewährleistet werden.

5. Fazit und Schlussbemerkung

Am Ende dieser Arbeit ist zu prüfen, ob meine Fragen, die ich in der Einleitung gestellt habe, beantwortet werden konnten. Ich habe mich gefragt, welche konkreten Konzepte dazu beitragen können, Veränderungswiderstand zu minimieren und bin zu der Erkenntnis gekommen, dass es kein allgemeingültiges Konzept gibt. Es können Wege beschrieben werden, durch die Widerstand minimiert werden kann. Diese Wege sind kein Allheilmittel und auch nicht allgemeingültig. Um Widerstand reduzieren zu wollen, müssen je nach Struktur und Hierarchie der Organisation, nach Anzahl und Persönlichkeiten der Mitarbeiter, nach der Situation, in der Widerstand auftritt, und nach der Ursache von Veränderungswiderstand verschiedene Wege bzw. Konzepte angewendet werden. Deshalb können lediglich Konzepte zur Minimierung von Veränderungswiderstand vorgestellt und angeboten werden, die von den Führungskräften überprüft werden müssen, ob sie im jeweiligen Fall greifen. Die verschiedenen Konzepte, wie Widerstand minimiert werden kann, habe ich zusammengeführt und erläutert. Die wichtigsten Erkenntnisse, die ich aus dieser Arbeit ziehe, fasse ich hier noch einmal als Thesen zusammen, um meine anfängliche Frage, wie Widerstand minimiert werden kann, zu beantworten. Dabei beziehe ich mich zunächst auf die Organisationsgestaltung, in der es darum geht, Widerstand möglichst gering zu halten, damit Veränderungsabsichten nicht blockiert werden:

- Veränderungswiderstand kann durch eine entsprechende Organisationsgestaltung minimiert werden. Die Gestaltung beinhaltet einen ausreichenden Informationsfluss zwischen Führungskräfte und Mitarbeiter, die Situationsanalyse und das Erstellen einer Diagnose, Suchen von Lösungen, Realisierung und eine anschließende Kontrolle und Weiterentwicklung.
- Ein gut durchdachtes Projektmanagement, dass möglichen Widerstand mit berücksichtigt, kann dazu beitragen, Veränderungswiderstand möglichst gering zu halten.
- Koordination, Förderung von Innovationen, Gestaltung von Prozessen, eine ausreichende Kommunikation und Konfliktmanagement gehören zu den Aufgaben einer guten Führungskraft, die Widerstand reduzieren können
- Widerstand kann durch eine Moderation minimiert werden, die Mitarbeiter an Veränderungsabsichten heranführt durch Motivation, Unterstützung und Beratung.
- Durch Feedback, das nicht bewertet, sondern nur beschreibt, kann Veränderungswiderstand gering gehalten werden. Andererer-

seits kann bei Nichtbeachtung der Feedbackregeln von Seiten der Führungskräfte noch mehr Widerstand bei Mitarbeitern auftreten.
Ich fasse nun die Erkenntnisse, wie mit Widerständen umgegangen werden kann, thesenartig zusammen:
- Bereits vorhandener Widerstand kann durch einen guten Informationsfluss minimiert werden. Andererseits kann durch eine gute Information die Offenbarung von negativen Nebenwirkungen als Folge von Veränderungen Widerstand hervorgerufen werden.
- Durch Partizipation sind Mitarbeiter im Entscheidungsprozess integriert und zeigen somit auch weniger Veränderungswiderstand. Andererseits kann durch Partizipation Widerstand nicht minimiert werden, wenn das Konfliktpotential in einer Organisation zu groß ist.
- Veränderungswiderstand wird minimiert, wenn Mitarbeiter an Projekten selbständig beteiligt sind, wenn traditionelle Werte in neuen Projekten noch erkennbar sind und wenn Mitarbeiter wissen, dass das Projekt jederzeit gestoppt werden kann und durch Außenstehende überprüft werden kann.
- Durch eine ausreichende Kommunikation zwischen Mitarbeiter und Führungskräfte nimmt die Änderungsbereitschaft in Organisationen zu.

Es folgen weitere Thesen, wie Widerstand mit Hilfe von Beratung minimiert werden kann:
- Teamcoaching kann dazu beitragen, dass Veränderungswiderstand minimiert werden kann, indem Ängste und Vorbehalte abgebaut werden können.
- Supervision bezieht sich auf die berufliche und persönliche Situation der Mitarbeiter und kann Widerstand minimieren.

Externe Berater sind sinnvoll, da sie der Gruppe neutraler und objektiver gegenüberstehen als interne Berater bzw. Mitarbeiter der Organisation. Ein Zusammenspiel von internen und externen Beratern wäre optimal. Nachdem ich nun die wichtigsten Erkenntnisse noch einmal thesenartig zusammengefasst habe, möchte ich einen kurzen Ausblick geben: Veränderungswiderstand ist etwas Normales und Alltägliches. Es wird ihn immer dort geben, wo Menschen zusammenarbeiten und besonders dort, wo Traditionelles und Gewöhnliches verändert werden soll. Die Frage ist nur, wie mit dem Widerstand umzugehen ist. Dabei spielen die Ursachen eine wichtige Rolle, um entsprechend auf Veränderungswiderstand zu reagieren. In meiner Arbeit habe ich viele verschiedene Wege bzw. Konzepte erläutert, wie mit Widerstand umgegangen und wie er minimiert werden kann. Führungskräfte, die Veränderungsabsichten haben, müssen einzelne Wege prüfen, inwieweit sie auf die jeweilige Veränderungssituation passen und welcher Erfolg zu erwarten ist. Es können keine allgemeingültigen Lösungen angeboten werden. Ich biete in meiner Arbeit verschiedene Wege und Konzepte an, die angewendet werden können, um Veränderungswiderstand zu minimieren, die aber in den einzelnen Situationen von den Initiatoren von Wandel weiterentwickelt werden müssen. Wie diese Weiterentwicklung im Einzelnen aussieht, hängt von der Organisation, von den Mitarbeitern, vor allem aber von der Größe der Veränderung und von den möglichen Konsequenzen ab, die sich aus dem Wandel ergeben.

Störrische Mitarbeiter und verzweifelte Führungskräfte muss es nicht mehr geben!

6. Literaturverzeichnis

Comelli, Gerhard: Training als Beitrag zur Organisationsentwicklung. München, Wien: Carl Hanser Verlag, Handbuch der Weiterbildung für die Praxis in Wirtschaft und Verwaltung, Bd. 4, 1985

Deutsche Gesellschaft für Supervision e.V. (DGSv): Supervision. Professionelle Beratung zur Qualitätssicherung am Arbeitsplatz. Köln: Preuss GmbH, Köln, 1996

Doppler, Klaus/ Lauterburg, Christoph: Change-Management: den Unternehmenswandel gestalten. Frankfurt/ Main, New York: Campus Verlag, 8. Auflage, 1999

Engelhardt, Hans-Dietrich: Organisationsmodelle: Ihre Stärken – Ihre Schwächen. Augsburg: ZIEL, 2. Auflage, 1999 (Schwerpunkt Management)

Fatzer, Gerhard (Hrsg.): Organisationsentwicklung und Supervision: Erfolgsfaktoren bei Veränderungsprozessen. Köln: Edition Humanistische Psychologie, 1996

Fatzer, Gerhard/ Rappe-Gieseke, Kornelia/ Looss, Wolfgang: Qualität und Leistung von Beratung: Supervision, Coaching, Organisationsentwicklung. Köln: Edition Humanistische Psychologie, 1999

Gairing, Fritz, Organisationsentwicklung als Lernprozess von Menschen und Systemen: zur Rekonstruktion eines Forschungs- und Beratungsansatzes und seiner didaktischen Relevanz. Weinheim: Dt. Studien – Verlag, 2. Auflage, 1999

Heeg, Franz-Josef/ Meyer-Dohm, Peter (Hrsg.): Methoden der Organisationsgestaltung und Personalentwicklung. München, Wien: Carl Hanser Verlag (REFA-Fachbuchreihe Betriebsorganisation), 1. Auflage, 1994

Lichtenberg, Ingrid (u.a.): Organisations- und Qualifizierungsentwicklung bei der Einführung neuer Technologien. Köln: Verlag TÜV Rheinland GmbH, 1990

Klages, Helmut/ Schmidt, Rolf W.: Methodik der Organisationsänderung: ein kurzgefasster Überblick. Baden-Baden: Nomos – Verl. – Ges., 1978

Neues Grosses Lexikon: Genehmigte Sonderausgabe, 1991

Nevis, Edwin C.: Organisationsberatung: ein gestalttherapeutischer Ansatz. Köln: Ed. Humanist. Psychologie, 1988

Noer, David M.: Die vier Lerntypen. Reaktionen auf Veränderungen im Unternehmen. Stuttgart: Klett-Cotta, 1998

Osterhold, Gisela: Veränderungsmanagement. Visionen und Wege zu einer neuen Unternehmenskultur. Niedernhausen/ Ts. : FALKEN Verlag, 2000

Rosenstiel, Lutz von/ Molt, Walter/ Rüttinger, Bruno: Organisationspsychologie. Stuttgart (u.a.): Kohlhammer, 2. Auflage, 1975

Sandler, Christian/ Karabasz, Rolf/ von Berg, Wolfgang: Unternehmen auf neuem Kurs. Evolution bewusst gestalten. Wiesbaden: Gabler, 1995

Schanz, Günther: Organisationsgestaltung: Struktur und Verhalten. München: Vahlen, 1982

Vahs, Dietmar: Organisation. Einführung in die Organisationstheorie und –praxis. Stuttgart: Schäffer – Poeschel, 3. Auflage, 2001

Wimmer, Rudolf (Hrsg.): Organisationsberatung. Neue Wege und Konzepte. Wiesbaden: Gabler, 1992

Wittlage: Unternehmensorganisation. Herne/ Berlin: Verlag Neue Wirtschaftsbriefe, 6. Auflage, 1998

Wottawa, Heinrich/ Gluminski, Iris: Psychologische Theorien für Unternehmen. Göttingen: Verlag für Angewandte Psychologie, 1995

www.ingramcontent.com/pod-product-compliance
Lightning Source LLC
Chambersburg PA
CBHW031223230426
43667CB00009BA/1452